Hans S. Ferk

Gemeinkosten abbauen durch Wertanalyse – was tun?

Hans S. Ferk

Gemeinkosten abbauen durch Wertanalyse

Was tun?

verlag moderne industrie

CIP-Kurztitelaufnahme der Deutschen Bibliothek

Ferk, Hans:

Gemeinkosten abbauen durch Wertanalyse – was tun? / Hans Ferk. – Zürich : Verlag Moderne Industrie, 1983.
(Praxisratgeber)
ISBN 3-478-36120-6

Wolfgang Dummer & Co
Satz: abc Fotosatz GmbH, Buchloe
Schutzumschlag: Hendrik van Gemert
Druck und Bindung: WB-Druck, Füssen
Printed in Germany 360 160 / 10 83 151
ISBN 3-478-36120-6

Inhalt

Seite

I. Ausgangssituation

daran müssen wir denken

persönliche Notizen

A. Wirtschaftswachstum und Ausblick

Die gesamte Wirtschaft steht sicherlich in einer der schwersten Belastungsproben seit Kriegsende. Die 50er Jahre standen im Zeichen des Wiederaufbaus, die 60er waren bestimmt durch hohes Wachstum. Das Tempo verlangsamte sich in den 70er Jahren. Die gestiegenen Ölpreise verlangten Opfer nicht nur im privaten, sondern auch im unternehmerischen Bereich. Verknappende Rohstoffe, höhere Einkaufspreise, steigende Personal- und Sozialabgaben beeinflußten nachhaltig die Ertragssituation der Unternehmen.

negativer Trend seit Mitte der 70er Jahre

In den 80er Jahren wird weiterhin mit Grenzen des Wachstums gerechnet. Die Situation wird erwartungsgemäß durch den zunehmenden nationalen und internationalen Wettbewerb noch erschwert. Grundsätzliche Ergebnisverbesserungen oder Gewinne sind aber bei begrenztem Umsatzwachstum und verstärktem Wettbewerb kaum mehr über die Erlös- bzw. Preisseite zu beeinflussen, sondern über die Einwirkung auf die Kosten.

Wachstumsgrenzen in den 80er Jahren

Konsequenz: Kostensenkung

B. Erfordernis der Kostenersparnis

Einsparungsreserven im Gemeinkostenbereich

Durch die Kosteneinsparungen kann vielfach die unternehmerische Manövrierfähigkeit kurzfristig wiedererlangt werden. Hohe Kosteneinsparungsreserven wurden vor allem im Gemeinkostenbereich erkannt. Der Anteil der Gemeinkosten – Kosten, die den Leistungen nicht direkt zurechenbar sind – an den Gesamtkosten der Unternehmen steigt durchschnittlich inzwischen um 1,5 % pro Jahr und beträgt z.B. in der verarbeitenden Industrie derzeit schon über 60 % (Quelle: Industriemagazin, Mai 1982).

über 60 % der Gesamtkosten sind Gemeinkosten

Wenn hier nicht gegengesteuert wird, ist in der Zukunft noch mit einem weiteren Anstieg dieses Trends zu rechnen.

Schuld an der überproportionalen Zunahme der Gemeinkosten ist zunehmend die immer stärker werdende Bürokratisierung.

Bürokratie

Die nach dem englischen Soziologen C. Northcote Parkinson benannten „Parkinsonschen Gesetze" geben zu dieser Entwicklung folgende Erkenntnis wieder: Die bürokratische Verwaltung in Behörden und in Unternehmungen wächst angeblich mit einer mathematisch errechenbaren Zuwachsrate, „gleich ob die Arbeit zunimmt, abnimmt oder ganz verschwindet".

Die Bürokratie ist häufig in der Lage, sich mit sich selbst zu beschäftigen, Arbeiten zu erfinden, zu vermehren und sich selbst zu verwalten. Der zunächst geweckte Anschein, die selbstgeschaffenen Arbeiten seien von untergeordneter Bedeutung, wird sehr bald ersetzt von der Überzeugung der Beteiligten, auf diese Arbeitsleistungen nicht mehr verzichten zu können.

Der Anstieg der Gemeinkosten darf jedoch nicht allein auf die Verwaltungsgemeinkosten zurückgeführt werden. Auch ein überalteter Maschinenpark in der Produktion kann z.B. eine der Ursachen sein. Solche Maschinen binden durch die zunehmende Reparaturanfälligkeit stark die Betriebshandwerker, die die zahlreichen Ausfälle beheben müssen.

überalterter Maschinenpark

kostenintensive Reparaturen

Dieser Gemeinkostenblock der Betriebshandwerker kann natürlich durch eine Investition zur Erneuerung eines Teils des Maschinenparks abgebaut werden. Anstelle der Reparaturgemeinkosten erhöhen sich dann jedoch die Abschreibungen und gegebenenfalls Zinsen auf das investierte Kapital, die auch zu den Gemeinkosten gerechnet werden.

Solche Gemeinkosten, verursacht durch die Rationalisierung, können zwar absolut zugenommen haben, wirken sich dennoch positiv aus, da in der Regel der Produktionsausstoß durch neue Maschinen verbessert wird und die kostenintensiven Personalleistungen abgebaut werden können.

Nicht zuletzt müssen auch die seit Jahren steigenden Kosten für Strom, Heizung, Telefon und Porto berücksichtigt werden. Einerseits steigen diese Kostenarten ununterbrochen, andererseits werden sie in den Unternehmen häufig genug aus Bequemlichkeit oder Nichtaufmerksamkeit übermäßig beansprucht.

steigende Kosten für Strom, Heizung, Telefon und Porto

wichtig

daran müssen wir denken

persönliche Notizen

C. Verfahren der Gemeinkostensenkung

Um die wachsenden Gemeinkosten zu senken, greifen zunehmend Manager großer sowie mittlerer und neuerlich auch kleinerer Unternehmen zur Gemeinkostensenkung.

Kostensenkung mit praxisbewährten Analyse-Verfahren

Zur praktischen Durchführung wird eine Vielzahl bereits bewährter Verfahren, u.a. die Tätigkeitsanalyse, Multimoment-Aufnahme, Organisationsanalyse, Ablaufanalyse und Wertanalyse zum Abbau von Gemeinkosten herangezogen. Welche der Analysen für jeweilige Unternehmenszielgruppen geeignet ist, wird in diesem Buch noch detailliert beschrieben (vgl. Kap. III).

Die grundsätzliche Notwendigkeit, wirksame Methoden zur Gemeinkostensenkung zu entwickeln, wurde schon 1947 durch den Amerikaner Lawrence D. Miles erkannt.

Die Wertanalyse, „value analysis", wurde erfolgreich eingesetzt, um die überflüssigen Kosten in der Entwicklung und Produktion zu vermeiden. Als unnötig werden alle Kosten bezeichnet, die mit den von den Abnehmern gewünschten Produkteigenschaften nicht notwendig verbunden sind.

Wertanalyse in der Verwaltung

In den letzten Jahren hat die Wertanalyse auch verstärkt in die Verwaltung Eingang gefunden. In diesem Bereich setzt sich diese Methode mit der kosten- und leistungsorientierten Untersuchung auseinander. Ihr liegt das Bemühen und die Kunst des Findens neuer Erkenntnisse zugrunde. So stellt die Wertanalyse alles in

Wertanalyse stellt alles in Frage

Frage, wie und was bisher getan wurde, um neue Problemlösungen zu finden. Das erklärte Ziel der wertanalytischen Maßnahmen ist vor allem eine Wertsteigerung der eingesetzten Mittel, z.B. der Arbeitskraft, um ein bestmögliches Kosten-Nutzen-Verhältnis erreichen zu können.

Personalkosten erreichen eine Höhe bis zu 80 % der Gemeinkosten

Da die Personalkosten mit ca. 80 % der bei weitem bedeutendste Kostenfaktor innerhalb der Gemeinkosten sind, müssen Sie – bei Durchführung einer Wertanalyse – diesem Bereich besondere Aufmerksamkeit schenken.

Ersparnis bis zu 20 % der Personalkosten möglich

Die Erfahrungswerte zeigen, daß die höchsten Einsparungsmöglichkeiten im Personalkostenbereich liegen und zwar zwischen 10 – 20 % der Personalkosten.

In den personalintensiven, administrativen Bereichen können Spitzenwerte von 35 % oder mehr erreicht werden.

Nicht selten werden in einer Abteilung 50 % der Personalkosten eingespart; oder eine Abteilung wird gar aufgelöst. Die Arbeiten werden von anderen Unternehmensabteilungen vollständig übernommen oder von externen Leistungserbringern, wie den EDV-Zentren, Steuerberatern u.ä. kostengünstiger durchgeführt.

Einsparungsreserven auch im Sachkostenbereich

Durch wertanalytische Untersuchungen werden zusätzlich ungeahnte Einsparungen im Sachkostenbereich erzielt, gleichgültig, ob es sich um die Einzel- oder Gemeinkosten handelt.

Beispiele:

– der Zukauf von Teilprodukten anstelle der teuren Eigenfertigung

- der Einsatz von energiesparenden Anlagen, Fahrzeugen
- der Verzicht auf teure Muster und Proben
- die Teilvermietung von einer nicht vollgenutzten Lagerhalle.

Abhängigkeit der relativen Kostenhöhe von Organisationsgrad und Kostenbewußtsein

Die Praxis zeigt, daß die Höhe der Gemeinkosten vom Erfindergeist, kreativ neue Einsparungsideen zu suchen, vom allgemeinen Organisationsgrad und vom Kostenbewußtsein des Unternehmens abhängig ist; d.h. von der Anpassung der Gemeinkosten-Verursacher an die Umsatz- und Absatzentwicklung sowie an die Produktionszunahme bzw. -abnahme.

Daraus sollte für Ihr Unternehmen die Notwendigkeit abgeleitet werden, bei rückläufigen Umsätzen und beim Rückgang der Produktionsleistung auch die Gemeinkosten proportional zu senken.

D. Bedeutung der Unternehmensgröße für die Gemeinkostensenkung durch Wertanalyse

Die Gemeinkostenhöhe kann betriebstypologisch (vgl. Abb. 3) unterschiedlich bei Industrie, Handel und Dienstleistungen bestimmt sein. Die Gemeinkostenzuschläge können aber auch stark von Branche zu Branche variieren und eine Höhe bis zu 300 % der Einzelkosten erreichen (Quelle: Gemeinkosten-Management, Betriebswirtschaftliche Forschung und Praxis, 1981).

Gemeinkostenzuschläge bis zu 300 %

Für die Beurteilung, welches Unternehmen schließlich für die Wertanalyse (der Begriff Gemeinkosten-Wertanalyse ist von der McKinsey-Unternehmensberatung entwickelt worden) in Frage kommt, stellt die Unternehmensgröße ein Abgrenzungs-Kriterium dar.

1. Zielgruppe

Zunächst ist von der Anzahl der im Unternehmen beschäftigten Arbeitskräfte auszugehen. Unternehmen mit einer Beschäftigtenzahl – von etwa 100 in der Industrie und 50 im Handels- und Dienstleistungsbereich –, sind für die Durchführung der Wertanalyse bereits geeignet. Bis zu dieser Größenordnung ist die Transparenz jedoch weitgehend gegeben, so daß Maßnahmen zur Kosteneinsparung in der Regel problemlos ergriffen werden können.

Bei größeren Unternehmen können als Abgrenzung nach unten ebenso die im Unternehmen geführten Gemeinkostenstellen (z.B.

allgemeine Verwaltung, Einkauf, Lager, Vertrieb, technische Überwachung) herangezogen werden. Ein einheitlicher Richtwert als Erfahrungswert kann jedoch hierfür nicht angeführt werden. Wo die Untergrenze liegt, muß die Unternehmensleitung im Einzelfall prüfen und die Kostenstellen auf ihre Zusammensetzung durchleuchten.

Zusammensetzung der Gemeinkostenstellen prüfen

Ein erster – wenngleich ungenauer – Überblick über die Gemeinkostenstellen wird dadurch gewonnen, daß eine Aufteilung in die produktiven und in die unproduktiven Arbeitskräfte vorgenommen wird.

produktive und unproduktive Arbeitskräfte

Zu den produktiven Arbeitskräften eines Industriebetriebes werden z.B. Mitarbeiter aus dem direkten Fertigungsbereich und Außendienstreisende gezählt, zu den sogenannten Unproduktiven im betriebswirtschaftlichen Sinn gehören z.B. die Betriebsleitung, allgemeine Verwaltung, Buchhaltung.

durch Betriebsorganigramm und Arbeitsplatzbeschreibung produktive Arbeitskräfte feststellen

Eine zusätzliche Aufklärung über die Anzahl der produktiven und unproduktiven Arbeitskräfte wird durch eine eingehende Analyse des Betriebs-Organigramms und der Arbeitsplatzbeschreibungen (auch Stellenbeschreibungen genannt) ermöglicht.

Ein Organigramm (vgl. Abb. 1) gibt die hierarchische Ordnung Ihres Unternehmens und die Arbeitsfunktionen aller Mitarbeiter wieder.

In den Arbeitsplatzbeschreibungen ist der Arbeitsumfang (nach Art) und der Verantwortungsbereich jedes Mitarbeiters genau festgelegt.

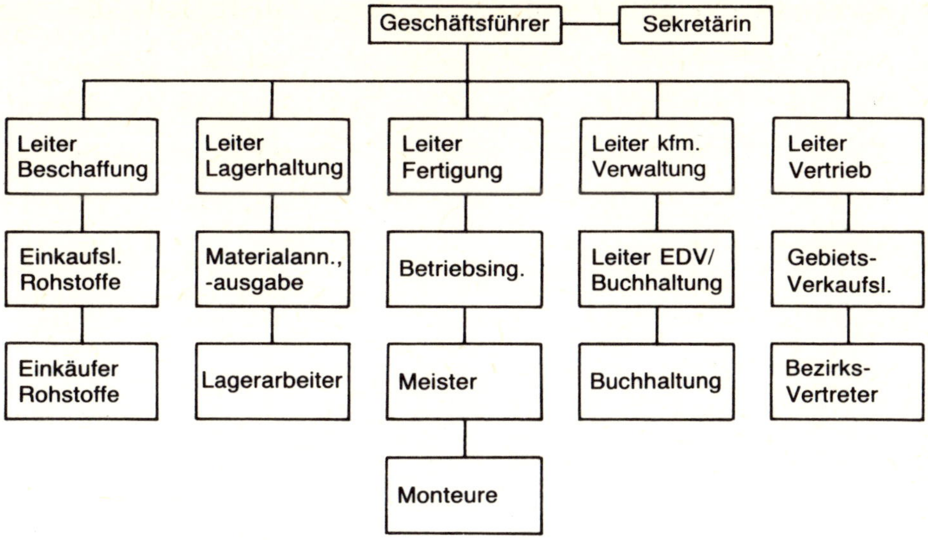

Abb. 1: Betriebsorganigramm eines Industriebetriebes

Erläuterung

Das dargestellte Organigramm verdeutlicht z.B. die hierarchische Unterstellung der Sekretärin gegenüber dem Geschäftsführer. Die Sekretärin hat keine zugeordneten Mitarbeiter, wie Telefonistin, Lehrling.

Der Geschäftsführer ist u.a. übergeordnet dem Leiter der Fertigung, dem untersteht direkt der Betriebsingenieur, diesem wiederum der Meister. Der Meister ist den Monteuren übergeordnet.

Daraus ist abzuleiten, daß der direkte Ansprechpartner und Anweisungsberechtigte für die Monteure nicht der Betriebsingenieur oder der Leiter der Fertigung ist, sondern der Meister, von dem dann der Betriebsingenieur und von diesem wiederum der Leiter der Fertigung, und schließlich der Geschäftsführer informiert werden.

wichtig

daran müssen wir denken

persönliche Notizen

2. Wann wird die Wertanalyse durchgeführt?

Die Wertanalyse wird vorwiegend in den Unternehmen durchgeführt, in denen es für die Unternehmensleitung schwierig ist, das Kosten-Nutzen-Verhältnis in den Griff zu bekommen. Veranlassungen dafür können u.a. sein:

fehlende Kostentransparenz

- Das Unternehmen hat eine z.T. unüberschaubare Größenordnung erreicht.
- Die Verantwortlichen verfügen nicht über die genügende Kenntnis über Teilbereiche im Unternehmen.

Abbau der Privilegien

- Den zuständigen Führungsmitarbeitern widerstrebt eine Ausdünnung des unterstellten Unterbaus.

E. Einzelkosten und Gemeinkosten

Der Großteil der betrieblichen Kosten, die einem bestimmten Produkt, einer Leistung oder einem bestimmten durchgeführten Auftrag direkt zugerechnet werden, sind Einzelkosten. Diese Kosten können genau erfaßt werden, da die Transparenz der Kostenhöhe und der Kostenverursachung in der Regel gegeben ist.

direkt zurechenbare Kosten sind Einzelkosten

Typische Einzelkosten sind z.B. Löhne und Gehälter für Schreiner, Schlosser und Anstreicher eines Möbelherstellungsunternehmens sowie die Kosten für Fertigungsmaterialien (Holz, Farbe, Schrauben u.a.).

Anders verhält es sich mit den problematischeren, oft komplexen und teilweise unüberschaubaren Gemeinkosten.

Die Gemeinkosten können nicht direkt bestimmten Produkten, Leistungen oder den erledigten Aufträgen zugerechnet werden. Die Zurechnung zu den erstellten Produkten oder erbrachten Leistungen ist Schätzungen oder errechneten Kalkulationszuschlägen vorbehalten.

nicht direkt zurechenbare Kosten sind Gemeinkosten

Solche Kosten sind z.B. in einem Möbelherstellungsunternehmen Abschreibungen auf die Holzbearbeitungsmaschinen, Versicherungen, Gehälter für die Meister und Verwaltung, Strom- und Wasserverbrauch, Heizungskosten, Miete, Post- und Telefongebühren.

Als Hilfsmittel der Zurechnung steht ein klassischer (unternehmensspezifischer) Betriebsabrechnungsbogen (BAB) zur Verfügung. Für ein Möbelherstellungsunternehmen wird zur Veranschaulichung folgender BAB herangezogen (s. Abb. 2).

Erläuterungen zum BAB

1. Zunächst werden alle Gemeinkosten (in der Vertikale) nach dem Prinzip der Kostenverursachung, d.h. nach dem tatsächlichen oder geschätzten Verbrauch auf die Kostenstellen (in der Horizontale) verteilt.

2. Nun erfolgt eine Umlage der Gemeinkosten für Gebäude, Heizung und Betriebsschlosserei auf die Hauptkostenstellen. Die Summen stellen die angefallenen Stellengemeinkosten dar.

3. Die Einzelkosten der Hauptkostenstellen, im BAB Beziehungsgrößen genannt, dienen als Basis zur Ermittlung der Gemeinkostenzuschläge.

   Effektive Zuschläge für die Materialkostenstelle
   = angefallene Stellengemeinkosten: Beziehungsgrößen
   = 1.600 : 32.000 = 5 % (Gemäß Abb. 2)

4. Multipliziert man angefallene Stellengemeinkosten einerseits mit den effektiven Gemeinkostenzuschlägen und andererseits mit den für die Vorkalkulation geschätzten Gemeinkostenzuschlägen, so stellen die Differenzen eine Über- bzw. Unterdeckung dar. Im Fall der Fertigungshauptstelle Modellbau ist eine Unterdeckung von 75 (tausend DM) festzustellen, d.h. die Vorkalkulation war um 75 (tausend DM) gegenüber den tatsächlich angefallenen Gemeinkosten zu niedrig.

Kontenklasse 4			Allgemeine Hilfskostenstellen		Materialkostenstelle	Fertigungshauptkostenstellen				Fertigungshilfskostenstelle (Betriebsschloss.)	Verwaltungskostenstelle	Vertriebskostenstelle
Konto-Nr.	Kostenart	Buchungsbetrag	Gebäude	Heizung		Modellbau	Holzbearbeitung	Montage	Lackiererei			
410	Gemeinkostenlöhne	7930	70	320	—	240	1880	3500	1270	530	—	120
411	Gehälter	9400	—	—	1000	950	1620	2490	1220	320	1000	800
415	Gesetzl. soz. Leistungen	3380	20	30	110	210	680	1680	460	60	80	50
420	Gemeinkostenmaterial	3970	—	360	40	160	720	1670	480	480	30	30
421	Werkzeugverbrauch	310	—	20	20	30	50	90	30	70	—	—
430	Instandhaltung	990	250	70	10	50	160	380	40	30	—	—
422	Energiekosten	1950	70	60	20	240	490	660	210	120	40	40
440	Steuern	1450	340	30	—	90	140	440	110	60	240	—
441	Versicherungen	450	40	20	40	50	60	100	40	40	40	20
450	Reisespesen	380	—	—	—	—	—	—	—	—	—	380
460	Kalk. Abschreibungen	1430	350	90	70	60	210	290	190	110	30	30
461	Kalk. Zinsen	2500	400	80	—	170	490	690	470	180	20	—
462	Kalk. Wagnisse	640	—	—	40	120	130	250	100	—	—	—
463	Kalk. Unternehmerlohn	3600	—	—	—	500	850	1400	500	50	150	150
442	Gebühren, Beiträge	650	20	20	—	30	70	130	50	40	290	—
490	Sonstige Gemeinkosten	240	—	—	90	—	20	30	—	—	40	60
	Gemeinkostensummen	39270	1560	1100	1440	2900	7570	13800	5170	2090	1960	1680
	Umlage, Gebäude	1560	↳	80	100	180	240	310	240	160	130	120
	Umlage, Heizung	1180		↳	60	100	260	290	210	80	90	90
	Umlage, Betriebsschlosserei	2330				220	630	1100	380	↲		
	Angefallene Stellengemeinkosten				1600	3400	8700	15500	6000		2180	1890
	Beziehungsgrößen[1]				32000	3500	7000	15000	5600		91300	91300
	Effektive Zuschläge[2]				5 %	97,14 %	124,29 %	103,33 %	107,14 %		2,39 %	2,07 %
	Normalzuschläge[3]				5 %	95 %	125 %	100 %	110 %		2,5 %	2 %
	Verrechnete Stellengemeinkosten				1600	3325	8750	15000	6160		2283	1826
	Überdeckungen (+) Unterdeckungen (−)				—	−75	+50	−500			−103	−64

[1] Einzelkosten
[2] ermittelte Gemeinkostenzuschläge
[3] geschätzte Gemeinkostenzuschläge

Aus: Dr. Gablers Wirtschaftslexikon, Betriebswirtschaftlicher Verlag Dr. Th. Gabler, Wiesbaden

Abb. 2 *Betriebsabrechnungsbogen*

wichtig

daran müssen wir denken

persönliche Notizen

F. Ursachen der Gemeinkostensteigerung

unerkannte Einsparungsreserven

Durch die unter I. F. 1 folgende Ausführung wird deutlich, daß die Gemeinkostenbereiche weitreichende, oft unerkannte Einsparungsmöglichkeiten bieten.

Die Entstehung der überhöhten Gemeinkosten ist dabei häufig zurückzuführen

Kostenüberbleibsel

- auf die z.T. bewußt nicht korrigierten Kostenverursacher, die Überbleibsel aus der Wachstumsphase sind; (in Erwartung wiederkehrender Nachfrage)

fehlendes Controlling-Instrumentarium

- auf das fehlende oder schlecht funktionierende Controlling-Instrumentarium.

Erläuterungen zum Controlling

Istkosten mit Sollkosten, Istumsätze mit Sollumsätzen vergleichen

Das Controlling ist eine Methodik, deren Zielsetzung es ist, die Bemühungen darauf auszurichten, ein geplantes unternehmerisches Ziel (Gewinn, Umsatz) zu erreichen. Das erfolgt auf der Basis des Zahlenmaterials vor allem aus dem Rechnungswesen, aus der Produktion und dem Verkauf. Das Zahlenmaterial, wie die Istkosten und Istverkaufsleistungen einer Periode werden permanent den Sollkosten und Sollverkäufen gegenübergestellt und verglichen. Durch mögliche Abweichungen werden z.B. Umsatzrückgänge rechtzeitig erkannt und durch geeignete Maßnahmen im Vertrieb, z.B. durch die Motivation der Verkäufer oder durch neue Verkaufsvorgaben korrigiert.

Für unsere Betrachtung, d.h. zum Zweck der Gemeinkostensenkung werden die Gemeinkosten grundsätzlich unterteilt in die Gruppe der Gemeinkosten, die im Personalbereich und die, die im Sachkostenbereich verursacht werden.

1. Gemeinkosten im Personalbereich

Gründe für die überproportionale Zunahme der Gemeinkosten im Personalbereich können sein:

a) *Schaffung neuer oder Aufblähung vorhandener Aufgabenbereiche in der Verwaltung, wie:*

aufgeblähte Verwaltung

- Zunahme von Koordinationssitzungen und Konferenzen: (Sitzungen der Geschäftsleitung, Abteilungssitzungen, Sitzungen von Gremien, Ausschüssen, Betriebsratsitzungen).
- Doppelarbeiten und unnötige Leistungen als Selbstbeschäftigungstherapie:
  (oft wissen die Mitarbeiter einer Abteilung nicht genau, welche z.T. identische Arbeiten auch in einer anderen Abteilung durchgeführt werden; die Informationen werden z.T. bewußt zurückgehalten; es werden z.B. manuelle Auswertungen vorgenommen, die ebenfalls von der EDV erledigt werden).
- Ausdehnung von zuarbeitenden Stabsstellen:
  (unmittelbar der Unternehmensleitung unterstellte Abteilungen oder Einzelspezialisten für Rechts-, Patent-, Organisations-, Revisions-, Statistik-, Werbung-, Pressefragen usw.).
- zu umfangreiches Berichtswesen:
  (Tagesberichte, Wochenberichte, Monatsberichte, Reiseberichte, Kundenberichte, Wettbewerberberichte, Reklamationsberichte, Reparaturberichte, Inspektionsberichte, Kontrollberichte; häufig mit dem Effekt der daran anschließen-

den Arbeiten wie aufbereiten, erfassen und auswerten).

– fehlende Arbeitsziele, geringe Arbeitsmotivation:
(es wird soviel erledigt, wie es der Mitarbeiter für erforderlich hält bzw. was gerade notwendig ist).

mangelhafte Automatisierung

b) *unzureichende Büro-Automatisierung und ungeeignetes Software-Programm*

– manuelle Buchhaltung:
(es werden z.B. Forderungen gesondert manuell festgehalten, weil sie in der EDV mit zeitlicher Verschiebung ausgewertet werden oder die Mahnungen werden manuell geschrieben, weil die EDV nicht vorhanden ist oder das Software-Programm die Abwicklung des Mahnwesens nur für die letzten drei Ausgangsrechnungen vorsieht).
– Beschäftigung von Schreibstäben, -abteilungen:
(anstelle des Einsatzes von Schreibcomputern, die z.B. vielfache Kundenangebotsaussendungen mit geringem Zeitaufwand erledigen können).
– zeitaufwendige Lagerdisposition:
(manuelle Eintragung von Lagereingängen und -ausgängen zu Bestellzwecken, da die EDV die Daten nur monatlich auswertet; oder zeitaufwendiges Suchen von bestellten Artikeln, wobei die Suchzeit durch die Mikroverfilmung reduziert werden könnte).

öffentliche Auflagen

c) *Zunahme der öffentlichen Auflagen, Gesetze und sozialer Randbedingungen*

– Arbeitssicherheitsvorschriften
(Einstellung eines Sicherheitsingenieurs)
– steuerliche Arbeitsmehrbelastung

(Erstellung von Belegen für Dienstreisen)
- Arbeitnehmervertretung, Betriebsrat
(Betriebsratssitzungen, langwierige Mitbestimmungsverfahren).

d) *veraltete Mechanisierung*

alte Maschinen

- unrationelle Verfahren und Arbeitsabläufe
(z.B. teure, da zeitaufwendige und personalintensive Werkbankfertigung anstelle des produktionssteigernden Fließbandes).
- fehlende Maschinenzentralisierung
(lange interne Transportwege, da die Ablaufplanung der Fertigung nicht optimiert wurde).
- Ausfall überalteter Maschinen
(aufgrund der Reparaturhäufigkeit werden Monteure gebunden, für die Maschinenbediener entstehen hohe Leerzeiten).

2. Gemeinkosten im Sachkostenbereich

Hohe Gemeinkosten im Sachkostenbereich entstehen häufig durch:

Verschwendung der monetären Mittel

a) *Zunahme an Büromaterial, Kopierkosten, Telefonkosten, Telex, Porto, Zeitschriften, Mitgliedschaften;*
b) *zu hohe Lagerbestände von Büro- und Werbematerial;*
c) *Verwendung teurer Verpackungsmaterialien;*
d) *Hang zu Perfektion und Überdesign* (anstelle von Layout-Grobzeichnungen werden zeitaufwendige Reinzeichnungen angefertigt oder zur Präsentation vor der Geschäftsleitung werden teuer erstellte Tabellen, Übersichten und andere Dokumentationen verwendet);

wichtig

daran müssen wir denken

persönliche Notizen

e) *zu hohe Reisekostenetats* (Reisen in 1. Klasse-Abteilen, Flugzeugen, Übernachtungen in teuren Hotels, zu viele Reisen, die häufig vermieden werden können);

f) *zu hohe Bewirtungsetats;*

g) *zu teure Fahrzeuge der Außendienstreisenden* (anstelle der Kfz mit Benzin-Motoren können Dieselfahrzeuge eingesetzt werden, oder die Tagestouren sind nicht geplant, eine kostensenkende Tourenordnung mit festgelegter Kundenanfahrtsfolge fehlt).

G. Betriebliche Gemeinkostenbereiche

Nach den betrieblichen Funktionen der Beschäftigten können folgende Bereiche als Gemeinkostenverursacher herausgestellt werden:

- Geschäftsleitung, Sekretariat, Telefondienst
- Allgemeine Verwaltung, Organisation, Personal, EDV, Buchhaltung, Controlling
- Einkauf, Lager, Transport
- Forschung, Entwicklung, Konstruktion
- technische Betriebsleitung, Betriebshandwerker, Materialprüfung
- Vertriebsleitung, Verkaufsinnendienst, Verkaufsförderung, Werbung
- sonstige Kostenstellen, wie Verwaltungsdienste, Betriebskantinen, Hausmeister.

Der stetige Aufstieg der Gemeinkosten ist in diesen Bereichen immer stärker festzustellen. Die in der Praxis ermittelten Zahlen nach Wirtschaftszweigen führen hierzu einen eindeutigen Beweis:

Industrie:

– Die Verwaltungskosten erreichten im Verlauf der Zeit 30 % des Umsatzes.
– Die Gemeinkostenzuschläge auf die Herstellungskosten betragen 30 bis 50 %.

Handel und Dienstleistungen:

– Die Gemeinkostenzuschläge betragen 100 bis 300 %.
– Auf eine produktive Kraft kommt ein unproduktiv Beschäftigter.

Abb. 3: Anstieg der Gemeinkosten

(Quelle: Gemeinkosten-Management, Betriebswirtschaftliche Forschung und Praxis, 1981)

bei hohen Gemeinkosten ist eine Gegensteuerung erforderlich

Zum Teil sind die Zuwächse übermäßig und daher beim anhaltenden Trend für die betroffenen Unternehmen gefährdend. Eine Gegensteuerung ist in solchen Fällen vor allem zur Erhaltung der Konkurrenzfähigkeit erforderlich. Das Instrumentarium des Kosten-Controlling kann dabei sinnvollerweise im Vorwege zur Durchführung von Vorbeugemaßnahmen herangezogen werden.

Wenn der Erfolg jedoch ausbleibt, oder das Unternehmen über kein hinreichendes Kosten-Controlling verfügt, sollte auf eines der praxisbewährten Verfahren zur kurzfristigen Gemeinkostensenkung zurückgegriffen werden.

II. Gemeinkostensenkung im unternehmerischen Zielsystem

A. Gewinnmaximierungsziel

Zur langfristigen Existenzsicherung müssen Sie als Unternehmer Gewinne erzielen. Ein erwerbswirtschaftlich geführtes Unternehmen ist bestrebt, vor allem im Nachfragesog nach seinen Produkten oder Leistungen, seinen Gewinn zu maximieren.

Wenn wir den Gewinn als die positive Differenz zwischen dem Erlös und den Kosten definieren, so wird erkenntlich, daß die Höhe der Kosten den Gewinn direkt beeinflußt. Ein kostenbewußtes Unternehmen wird auch in den Zeiten des Umsatzwachstums daher auf die Kosten, insbesondere auf die Gemeinkosten achten. Denn die Gefahr der Auswucherung der Gemeinkosten ist gerade bei schnellen Umsatzzuwächsen am größten.

in Zeiten des Umsatzwachstums auf die Kostenauswucherung achten

Hinter dem anspruchsvollen Unternehmensziel der Gewinnmaximierung steht aber nicht nur der Wunsch nach einer höchstmöglichen Renditeerzielung auf das eingesetzte Kapital, sondern auch nach Schaffung von Substanzreserven als Sicherheit für die Zukunft.

Häufig verfolgen Unternehmen neben dem Gewinnziel auch andere strategische Ziele, die sich ebenso zukunfts- und existenzsichernd erweisen können. Anstelle der Gewinnmaximierung tritt z.B. die Kombination:

- ein angemessener Gewinn bei Umsatzsteigerung oder
- ein angemessener Gewinn bei Marktanteilssteigerung oder
- ein angemessener Gewinn bei Sicherung der Liquidität.

wichtig

daran müssen wir denken

persönliche Notizen

Das Gewinnziel allein oder in der Kombination wird dabei realisiert werden können, solange Ihr Unternehmen seinen Markt hat oder Sie die Kosten senken.

B. Verlustabwendungsziel

im stagnierenden Markt: Kostendruck

Bei rückläufiger Nachfrage des Marktes nimmt der Wettbewerb unter den Anbietern der vergleichbaren Produkte zu. Unternehmen, die Kapitalreserven (Gewinne aus der Vergangenheit) angehäuft haben, d.h. finanzkräftig genug sind, um im Verdrängungswettbewerb zu bestehen, haben im stagnierenden Markt eine bessere Ausgangslage.

In der Regel beginnt dann für alle Unternehmen ein mehr oder minder starker Überlebenskampf.

Es zeichnet sich bald folgende wirtschaftliche Lage ab: Das Umsatzwachstum ist häufig unterbrochen, die Kosten steigen aber weiter.

Ein Teil der variablen Kosten kann relativ schnell gesenkt werden, da eine Anpassung an den Produktionssausstoß (Industrie) oder Auftragsvolumen (Handel und Dienstleistungen) durchgeführt wird. Jedoch der Block von größtenteils fixen Gemeinkosten belastet weiterhin die Ertragssituation. Bei weiter sinkenden Umsätzen droht dann eine (häufig folgenschwere) Verlustphase.

Eine Umkehrung dieses negativen Trends wird zur Erhaltung der wirtschaftlichen Kraft zwangsläufig – möglichst bevor Ihr Unternehmen von Wettbewerbern mit besserer Kostensituation und des daraus folgenden preisgünstigeren Waren- oder Leistungsangebots vom Markt verdrängt wird.

C. Verbesserung des Betriebsergebnisses durch Gemeinkostensenkung

Minimierung der Gemeinkosten

Unabhängig von den Beweggründen, ob

- zur Erzielung von Gewinnen oder
- zur Abwendung oder Verhinderung von Verlusten

legen Sie zur wirtschaftlichen Stärkung Ihres Unternehmens eine durchschlagende Maßnahme fest: Verbesserung des Betriebsergebnisses durch Gemeinkosteneindämmung.

III. Gemeinkostensenkung durch analytisch-methodische Verfahren

A. Kostensenkung in unternehmenspolitischer Verantwortung

Die Notwendigkeit einer umfassenden Kostenanalyse wird in den Unternehmen – vielleicht auch in Ihrem – gar nicht oder erst spät erkannt.

In einigen Fällen werden Einzelversuche mit Sparappellen unternommen. Nicht selten bleibt die Wirkung jedoch teilweise oder ganz aus. Die Ursache liegt häufig in der mangelnden Identifikation der Mitarbeiter, eine solche Sparmaßnahme aktiv zu unterstützen, geschweige denn durchzuführen. Am Altgewohnten festzuhalten, wird grundsätzlich einer Sparappell-Initiative vorgezogen.

Sparappelle gewährleisten nicht den erforderlichen Erfolg

Radikale Anordnungen zur Kostensenkung von z.B. 20 % in bestimmten Bereichen, können wiederum einseitige Nachteile u.a. für die Umsatzleistung hervorrufen. Danach werden z.B. Kunden seltener besucht, um die Kfz-Kosten zu senken oder es werden unzureichende Standard-Verkaufsangebote verschickt, um eine Schreibkraft einzusparen.

Anordnung von 20 % Kostensenkung zu pauschal

Eine weitere angeordnete Maßnahme ist häufig die Einstellungssperre. Es wird vorausgesetzt, daß jede zusätzliche Arbeit mit dem bestehenden Personal bewältigt wird, wodurch der Auslastungsgrad der von der Mehrarbeit betroffenen Mitarbeiter gesteigert wird.

Dabei besteht die Gefahr der Überlastung mit dem Nachteil, daß die zusätzliche Arbeit oder Teile bestimmter Arbeitsleistungen ver-

Arbeitsüberlastung führt zu nachlässiger Arbeit

nachlässigt oder oberflächlich erledigt werden. Durch die Zusatzarbeit des Buchhalters wird z.B. das Mahnwesen für nicht rechtzeitig gezahlte Forderungen beeinträchtigt. Ein weiterer Nachteil kann auch in der Demotivation der mit der Mehrarbeit belasteten Mitarbeiter liegen, die möglicherweise durch das Einlenken des Betriebsrats noch gefördert wird.

Die Beispiele zur Kostensenkung mit Sparappellen und mit der radikalen Anordnung einer bestimmten Kosteneinsparung sowie die Einstellungssperre zeigen, daß sie als Einzelmaßnahmen oft fehlschlagen oder daß die Nachteile überwiegen. Schon im Vorgehen kann ein Scheitern bereits vorprogrammiert sein. Für das erfolgsversprechende Vorgehen müssen daher im Gegensatz zu den obigen Verfahren folgende Erfordernisse erfüllt werden:

- möglichst alle Mitarbeiter müssen sich der notwendigen Kostensenkung bewußt sein,
- die Mitarbeiter müssen sich mit der Methode der Kostensenkung identifizieren,
- die Methode muß an den Wurzeln der Kostenverursachung ansetzen und
- ein systematisches Vorgehen muß gesichert sein.

Vorgehen mit System sichert den Erfolg

Die Kostensenkungsmaßnahmen müssen somit durch eine analytisch-methodisch jeweils gründlich durchdachte und abgewogene Vorgehensweise bestimmt sein. Jeder Kostensenker sollte daher mehrere Kostenanalysen als Grundlage seiner Vorentscheidung heranziehen.

B. Analysen

Immer häufiger bedienen sich kostenbewußte Unternehmen einer Vielzahl praxiserprobter Kostensenkungsmethoden, die je nach der Größe des Unternehmens, nach Organisationsgrad und nach der Priorität von Bestimmungskriterien Anwendung finden.

Welche Methode zur Gemeinkostensenkung (und zum gleichzeitigen Einzelkostenabbau) die jeweils richtige ist, müssen Sie entscheiden. Dazu werden folgende Analysen in ihrem Ansatz aufgezeigt.

1. Tätigkeitsanalyse

Arbeitszeitaufnahme durch Selbstaufschreibung

Mit diesem Verfahren werden Einzeltätigkeiten jedes Mitarbeiters, der Abteilungen und gegebenenfalls des gesamten Unternehmens aufgezeigt. Über einen längeren Zeitraum (ca. 8 Wochen) werden in Form einer Selbstaufschreibung (durch die Mitarbeiter) die strukturierten Tätigkeiten, d.h. aufgegliederte Einzeltätigkeiten in Stunden und prozentual erfaßt (vgl. Abb. 4). Die Endauswertung wird je nach Anzahl der Analysen manuell oder mit der EDV vorgenommen. Im Anschluß daran interpretiert die Geschäftsleitung die gewonnenen Daten und ordnet geeignete Maßnahmen an.

Minimierung der nicht notwendigen Arbeit

Z.B. wird in der Einkaufsabteilung die Zeit für die Verwaltungsarbeiten zugunsten einer stärkeren Bestellbearbeitung im Sinne von vielfacher Angebotseinholung abgebaut, mit dem Ziel, möglichst niedrigste Angebotspreise zu erhalten.

Im Lager wird z.B. die manuelle Erstellung von Lieferscheinen größtenteils durch die EDV ersetzt.

Im Verkauf werden ebenfalls Tätigkeiten, wie die Ausstellung von Versandpapieren und die Fakturierung durch ein Fakturiergerät ersetzt. Zusätzlich wird die Reisetätigkeit durch eine neue Tourenordnung um ein Drittel gemindert.

Der Vorteil der Tätigkeitsanalyse besteht im Austausch, die weniger notwendigen Tätigkeiten durch notwendige zu ersetzen.

Nr.	Abteilungen / Tätigkeiten	Einkauf		Lager		Verkauf	
		Std.	%	Std.	%	Std.	%
1	Postbearbeitung und Korrespondenz	36	11,3			64	5,0
2	Führungsaufgaben (Beurteil. der Mitarb., Mitarbeitergespräche usw.)			4	0,6	5	0,4
3	Besprechungen mit der Geschäftsleitung	8	2,5	2	0,3	12	0,9
4	Telefonate und Fernschreiben	20	6,7	4	0,6	60	4,7
5	Abstimm- und Kontrollarbeiten	6	1,9	20	3,1	6	0,5
6	Verwaltungsarbeiten	12	3,7	10	1,5	30	2,3
7	Karteien und Listen führen	4	1,3	8	1,3	32	2,5
8	Bestellungen ausschreiben und überrechnen	64	20,0				
9	Material und Teile disponieren	76	23,5				
10	Statistische Arbeiten	4	1,3			4	0,3
11	Registraturarbeiten	2	0,6	4	0,6	4	0,3
12	Angebote bearbeiten	14	4,3				
13	Vervielfältigung aller Art	4	1,3			2	0,1
14	Reklamationen bearbeiten	8	2,5	12	1,9	6	0,5
15	Rechnungen, Lieferscheine kontrollieren	4	1,3	12	1,9	8	0,6
16	Marktbeobachtung und Werbung	6	1,9			8	0,6
17	Lieferantenpreise und Konditionen überprüfen	40	12,5				
18	Reisetätigkeit	12	3,7			349	27,3
19	techn. Arbeiten			20	31		
20	Aufträge bearbeiten			440	68,8	240	18,8
21	Inventurarbeiten			16	2,5		
22	Terminsteuerung und Überwachung					8	0,6
23	Vorkalkulation und Nachkalkulation					40	3,1
24	Personalverwaltungstätigkeit			8	1,3	12	0,9
25	Lieferscheine ausstellen			80	12,5	160	12,5
26	Ausstellung von Versandpapieren					80	6,3
27	Fakturieren					80	6,3
28	Auswertung von Reiseberichten					16	1,3
29	Messen und Ausstellungen					54	4,2
30	Andere Tätigkeiten						
	Tätigkeiten	17		14		23	
	Stunden in 8 Wochen	320	100	640	100	1280	100

Abb. 4: Verdichtete Auswertungstabelle zur Tätigkeitsanalyse

2. Multimoment-Aufnahme oder Auslastungsanalyse

Zeitaufnahme durch Dritte

Diese Methode wird auf Stichprobenbasis durch einen oder mehrere für diese Zeitaufnahme abgestellte Mitarbeiter durchgeführt. Als Hilfsmittel können Sie die Auswertungstabelle zur Tätigkeitsanalyse heranziehen. Die fremden Zeitmessungen werden dabei ebenso wie die Selbstaufschreibungen für jeden einzelnen Mitarbeiter vorgenommen.

Minimierung der nicht produktiven Arbeit

Das Ziel der Multimoment-Aufnahme ist, die Auslastung der Mitarbeiter zu ermitteln und die nicht produktive Arbeit zu minimieren.

Der dazu erforderlichen Aufteilung in die produktive und in die nicht produktive Arbeit geht eine Tätigkeitsdefinition voraus.

Die produktive Arbeit im Sinne der Multimoment-Aufnahme ist jede normale Tätigkeit, die im Rahmen des Arbeitszieles, z.B. in einer Arbeitsplatzbeschreibung für jeden Mitarbeiter festgelegt ist. Darunter fällt z.B. bei einem Einkäufer die Bestellbearbeitung, Materialdisposition und Kontrolle sowie die Geschäftsreisen.

Zur nicht produktiven Arbeit zählen z.B. Arbeiten, die außerhalb der Arbeitsplatzbeschreibung für andere Abteilungen punktuell erledigt werden, sowie Kopier- und Wartezeiten, persönliche Zeiten, wie Krankheiten und Urlaub.

3. Organisationsanalyse

Das Ziel der Organisationsanalyse ist, Effizienzverbesserungen in den befragten Abteilungen oder im ganzen Unternehmen durchzuführen.

Ausgewählte Mitarbeiter, in der Regel Führungskräfte, leisten ihren Beitrag durch ihre Anregungen und Wünsche zur wirksameren Organisationsverbesserung, d.h. zum reibungslosen Arbeitsablauf, zur verbesserten Zusammenarbeit von einzelnen Mitarbeitern und Abteilungen, zum Abbau von Kompetenzschwierigkeiten, sowie zur strukturellen Verbesserung von Abteilungen.

Organisationsverbesserung durch Ideen

Dazu gehören Empfehlungen zur Umgestaltung von Organisations- und Führungsformen mit hierarchischen Änderungen. So kann beispielsweise sinnvoll sein, die bisher der Geschäftsführung zugeordnete EDV-Abteilung dem Finanz- und Rechnungswesen anzugliedern.

Ebenso kann der Materialeinkauf in der Zukunft vom Lagerbereich übernommen werden. Oder der bisherige Vertrieb wird derart geändert, daß die bisherigen Reisenden durch Verkaufsfahrer, die auch die Auslieferung übernehmen, ersetzt werden. Zur zusätzlichen Förderung des Absatzes wird ergänzend Telefon-Verkauf eingerichtet.

4. Ablauf-Analyse

Im jeweils untersuchten Gemeinkostenbereich werden Schwachstellen und Probleme anhand eines Arbeits-Ablaufdiagramms er-

Analyse der Arbeitsschritte

Aufdeckung der Schwachstellen

mittelt (vgl. Abb. 5). Die Mitarbeiter analysieren die einzelnen Arbeitsschritte in ihrem Arbeitsbereich und halten ihre eigenen, selbst erlebten Probleme und Schwachstellen für jeden Arbeitsschritt fest. Damit die Analyse nicht subjektiv ausfällt oder einige Schwachstellen bewußt oder unwissend übergangen werden, sollten Sie zur Analysen-Durchführung Arbeitsgruppen bilden. Die Arbeitsgruppen haben den zusätzlichen Vorteil, daß durch den addierten Know how Diskussionen entfacht werden, die eine bessere Durchdringung der Problematik ermöglichen.

Die Wahrscheinlichkeit, daß dadurch bedeutungsvolle Schwachstellen- und Problemhinweise verlorengehen, wird zudem geringer.

5. Analyse der Arbeitsinhalte

Bestimmung des Arbeitseinsatzes und des Gehaltsniveaus

Jeder Mitarbeiter hat in seinem Arbeitsbereich eine Vielzahl von Arbeitsgängen pro Tag, Woche oder Monat zu erledigen. Diese Arbeitsgänge müssen nach Arbeitsinhalten definiert und nach Zähleinheiten festgehalten werden (vgl. Abb. 6).

Die Analyse wird als Planungsinstrument mit der Zielsetzung herangezogen, eine weitgehende Transparenz aller Tätigkeiten in der jeweiligen Abteilung zu schaffen. Auf ihrer Basis werden künftige unternehmerische Entscheidungen, wie die Aufstellung der Personaleinsatzplanung, Arbeitsplatzbeschreibung und das Gehaltsniveau, getroffen. Ebenso werden als gleichgewichtiges Produkt kurzfristige Maßnahmen zur Kostensenkung und Ertragsverbesserung eingeleitet und realisiert.

Zur Bewältigung des komplexen Arbeitsumfanges empfiehlt es sich u.U einen Unternehmensberater zu beauftragen, der grundsätzliche Einweisungen macht und Analysen mit Maßnahmen für eine oder zwei Abteilungen abschließt. Danach können die Analysearbeiten analytisch qualifizierten Mitarbeitern Ihres Unternehmens übertragen werden.

Ablaufdarstellung	**Bemerkung/Probleme**
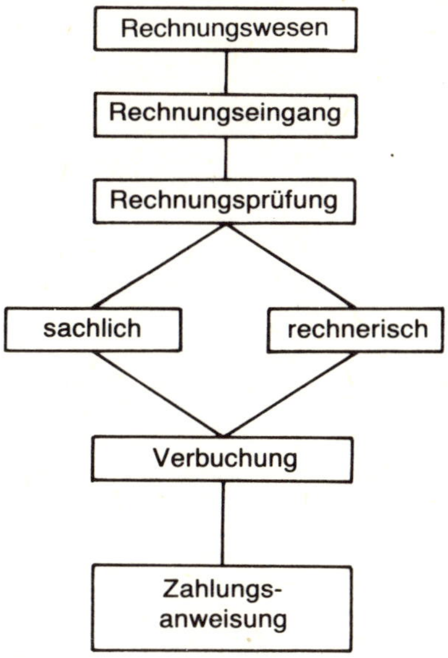	Weitergabeverzögerung bei Abwesenheit der zuständigen Buchhalterin. **Folge:** Versäumnis der Skonto-Inanspruchnahme Unzureichende Rechnungskontrolle. **Gefahr:** Doppelzahlung Keine einheitliche Kontierung **Folge:** die Datentransparenz ist mangelhaft Unsystematisch und zeitaufwendig

Abb. 5: Arbeits-Ablaufdiagramm

Abteilung: KASINO

Arbeitsinhalte	Zähleinheiten
1. Warenbedarfsermittlung:	
Prüfung des Speiseplans Ermittlung der Warenbestände auf Bedarfszetteln Einsammeln der Bedarfszettel Vorsortieren nach Frisch-, Trocken- und Gefrierware Endabstimmung mit dem Koch auf Vollständigkeit sowie evtl. Korrektur Aufstellung eines Bestellauftrags	Anzahl der Bedarfszettel
2. Warenbestellungen:	
Heraussuchen der Lieferanten aus der Lieferantenkartei Telefonische Bestellung der Trocken- und Gefrierware Terminabstimmung des Lieferungszeitpunktes Telefonische Vorbestellung der Frischware	Anzahl der Bestellvorgänge
3. Einkauf:	
KFZ-Fahrt zum Frischmarkt Prüfung der Frischwaren auf erforderliche Qualität Bestimmung und endgültige Bestellung Kontrolle der Mengen Prüfung der Rechnungsausstellung auf sachliche und rechnerische Richtigkeit Ausstellung eines Schecks	Anzahl der Einkaufsorte

Abb. 6: Analyse der Arbeitsinhalte

6. Die 7-W-Analyse

Zur Senkung der Gemeinkosten aber auch zur grundsätzlichen Aufdeckung von Schwachstellen eignet sich auch die methodisch wenig anspruchsvolle, dennoch aussagestarke 7-W-Analyse. Das Vorgehen ist bestimmt durch das Abfragen der (Führungs-)Mitarbeiter nach den Stärken und Schwächen der Unternehmensabteilungen und zwar nach folgendem Fragenkatalog:

alles erfragen und in Frage stellen

- *Warum* und *Wo*
  wird die vorhandene Unternehmensphilosophie betrieben?
- *Was* bzw. *Wie*
  sind die Ziele, Vorgaben und Richtwerte z.B. der Vertriebspolitik?
- *Wer*
  ist wofür zuständig und mit welchen Auswirkungen?
- *Womit*
  werden die Unternehmensziele erreicht,
  welche Mittel sind eingeplant zur Stützung von Absatzmaßnahmen?
- *Wann*
  sind die Zeitpunkte der Zielerreichung geplant, wann enden jeweils die Verkaufsaktionen?

7. Der Soll-Ist-Vergleich und das Zero-Base-Budgeting

Zum Abbau von Gemeinkosten kann ebenso eine Analyse des Soll-Ist-Kostenvergleichs herangezogen werden. Die tatsächlichen Kostenabweichungen werden kritisch durchleuchtet, mit dem Ziel, ei-

Kostenabweichungen aufspüren und geeignete Maßnahmen einleiten

nen weiteren Anstieg möglichst zu verhindern, oder Kosten durch Streichaktionen zu kürzen.

Planung auf Null-Basis

Als Kosteneinsparungsinstrument kann auch das Zero-Base-Budgeting (ein Planungsinstrument) angewendet werden. Ein Verfahren, das bestehende Rahmenbedingungen und Entscheidungen der Vorperioden unberücksichtigt läßt. Es wird von Null her geplant, d.h. die künftigen, geplanten Kosten basieren nicht auf den gewachsenen evtl. aufgeblähten Istkosten der Vorperiode. Woraus folgt, daß die Null-Basis-Planung in der Regel einen niedrigeren Kostenansatz für die Zukunft vorsieht.

niedriger Kostensatz

Ohne die Vor- und Nachteile der vorgenannten Kostensenkungsverfahren wertend und im besonderen gegenüberzustellen, wird nun entsprechend der Zielsetzung dieses Buches die Gemeinkosten-Wertanalyse aufgezeigt.

8. Gemeinkosten-Wertanalyse

Zielsetzung: Personal- und Sachkostenabbau

Ziel und Aufgabe der Wertanalyse sind Abbau von überflüssigem Personal und Einsparung von unnötigen Sachkosten.

Methodisch ist dieses Verfahren dadurch gekennzeichnet, daß in den untersuchten Abteilungen (Gemeinkostenstellen) alle Personalleistungen, die erbracht werden, auf die verbrauchte Zeit umgelegt werden. Durch eine Nutzenanalyse werden die sichtbar gemachten Leistungen und Sachkosten auf die Ersparnismöglichkeit hin überprüft und gegebenenfalls realisiert.

Wertanalyse wird durch die Mitarbeiter des Unternehmens realisiert

In unserer Betrachtung wird die Gemeinkosten-Wertanalyse – und das ist das Ziel dieses Buches – eine vollbrachte Leistung Ihres

Unternehmens sein, indem Ihre Mitarbeiter das Projekt in voller Eigenverantwortung durchführen.

Durch das Erschließen von kostenverursachenden Quellen und Erarbeitung von Problemlösungen steigt insbesondere der Identifikationsgrad der Mitarbeiter. Jeder in den Kostensenkungsprozeß eingebundener Mitarbeiter entwickelt eigene Ideen und trifft Entscheidungen für seine Teillösungen, die er verantworten muß.

Identifikation der Mitarbeiter
Einstehen für eigene Ideen, eigene Verantwortung

Wie Sie die Teillösungen bzw. die Gesamtprojektlösungen erarbeiten werden, wird noch eingehend dargestellt, so daß Sie diese Methode zur Gemeinkostensenkung in Ihrem Unternehmen vollständig und ohne fremde Hilfe (Unternehmensberater) anwenden können.

C. Bestimmung der Kostensenkungskriterien

maßgeschneiderter Anforderungskatalog

Ein die Gemeinkostensenkung planendes Unternehmen sollte Anforderungen, die an das zu wählende Kostensenkungsverfahren gestellt werden, untersuchen, erkennen und festlegen. Da die Anforderungen unterschiedlich sein können, ist es um so notwendiger, daß ein maßgeschneiderter Kriterienkatalog erarbeitet wird. Als Voraussetzung für die Entscheidung werden von unserem noch zu analysierenden Unternehmen folgende Bewertungskriterien vorgegeben:

Hauptkriterien:

kurzfristig Gemeinkosten abbauen

- kurzfristige Gemeinkostensenkung
- Abbau der Bürokratie.

Nebenkriterien:

Systemverbesserungen vorschlagen

- Verbesserungsvorschläge zu Unternehmensstrukturen
- Systemverbesserungen
- Verbesserung des Controlling
- Erhöhung der Arbeitsintensität
- Verbesserung der Personalplanung.

D. Nutzen der Gemeinkosten-Wertanalyse

Kriterien des entwickelten Anforderungskatalogs können zugleich zu erwarteten Ergebnissen der Wertanalyse umformuliert werden.

Ergebnisse der Gemeinkosten-Wertanalyse

- Personalkosteneinsparung von 10 % bis 20 %
- Sachkosteneinsparung auch außerhalb des Gemeinkostenbereichs
- erhöhte Schlagkraft des Unternehmens durch Abbau der unproduktiven Arbeitsbereiche
- erhöhtes Kosten/Nutzen-Bewußtsein im Unternehmen
- erhöhte Transparenz über die Tätigkeitsbereiche und über die inneren Verflechtungen im Unternehmen
- umfangreiche Datenbasis für die:
  - ✻ Entwicklung von Unternehmensstrategien
  - ✻ Durchführung von Unternehmensumstrukturierungen
  - ✻ Aufstellung von Personalbedarfsplanungen
  - ✻ Budgetierung (Planung) von Gemeinkosten.

E. Hauptmerkmale der Gemeinkosten-Wertanalyse

strenge Systematik für die Wertanalyse

Unter der Gemeinkosten-Wertanalyse ist nicht nur eine alleinige Analyseleistung zu verstehen, sondern auch Entwicklung von Maßnahmen zur Senkung der Gemeinkosten. Hinter dem Begriff steht also die Methodik für ein bestimmtes Bündel von Maßnahmen, mit denen das gesteckte Ziel des Gemeinkostenabbaus in einer strengen Systematik erreicht wird.

1. Aufnahme des Ist-Zustandes

Erfassung der Leistungsoutputs

Durch die Wertanalyse der Gemeinkosten wird zunächst der Ist-Zustand des untersuchten Unternehmens bzw. eines Unternehmensbereichs durchleuchtet. Die Methode geht von erbrachten Leistungen jedes Mitarbeiters aus. Die Leistungsoutputs – Leistungen, die einzelne Mitarbeiter erbringen und an andere Abteilungen oder nach außen abgeben – werden erfaßt und strukturiert.

2. Analyse des Leistungs-Nutzens

Kosten und Nutzen gegenüberstellen

Die erstellten Leistungen oder Produkte werden auf die Verwendungsnotwendigkeit untersucht. Die Kosten und Nutzen der Leistungen werden bewertet und einander gegenübergestellt.

alle Leistungen in Frage stellen

Für die gekauften Waren, z.B. für das Büromaterial besteht kein Bewertungsproblem, da der Kaufpreis als Vergleichsbasis herangezogen wird. Schwieriger wird es hingegen bei selbsterstellten Leistungen, wie bei den Arbeiten, Reparaturen und Wartungen, die durch den unternehmenseigenen Hausmeister erledigt werden. In solchen Fällen können immer Stundensätze der auf dem Markt anbietenden Handwerksbetriebe zur Bewertungsgrundlage gemacht werden.

Außerdem kann die wertmäßige Erfassung der internen Kosten- und Nutzungsgegenüberstellung auch in Vergleich gesetzt werden zu den Kosten, die andere Unternehmen für eine vergleichbare Leistung aufbringen.

Diese sind gewöhnlich in den Betriebsvergleichen der jeweiligen Branchenverbände zusammengestellt.

3. Vorgabe der Reduktionsquote

Forderung nach einer Ersparnis von 30 %

Die Gemeinkosten-Wertanalyse unterliegt nicht einem zufälligen Vorgehen, sondern einer festgelegten Zielsetzung. Als einheitlichen Maßstab für Einsparungen in allen untersuchten Abteilungen legen Sie eine Ersparnis- oder Reduktionsquote von z.B. 30 % der Gemeinkosten zugrunde.

Das bedeutet, es müssen mindestens 30 % aller Leistungen (Tätigkeiten) einer Abteilung zum Abbau vorgeschlagen werden. Wieviele Einsparungen dann tatsächlich realisiert werden können, hängt vor allem davon ab, wie kostenintensiv die Abteilung geführt wurde.

alle Einsparungsreserven aufdecken

Der Grundgedanke dieser verhältnismäßig hohen Reduktionsquote ist, daß möglichst alle Einsparungsreserven aufgedeckt werden.

wichtig

daran müssen wir denken

persönliche Notizen

An die von Ihnen zu berufenden Analysekoordinatoren und an die Leiter der Analyseeinheiten (Abteilungen), die als Mitarbeiter des Unternehmens (vgl. Kap. IV. D. 3. und 4.) für die Durchführung der Wertanalyse mitverantwortlich gemacht werden, werden hohe Erwartungen gestellt, Ideen und Ersparnisvorschläge zu entwikkeln, wenngleich nicht alle realisiert werden können.

F. Aufgabe und Ziel der Gemeinkosten-Wertanalyse

1. Abbau des überflüssigen Leistungspotentials

Als Personalsenkungsmaßnahme geht die Gemeinkosten-Wertanalyse nicht von Funktionen oder bestimmten Personen im Unternehmen aus.

Eine solche Vorgehensweise – z.B. eine willkürliche Kappung von Abteilungen – würde häufig zu folgeschweren Entlassungen führen: ungerechtfertigt für die betroffenen Mitarbeiter und schädlich für das Unternehmen.

Der Vorteil der Wertanalyse hingegen liegt darin, daß keine Pauschalstreichungen im Personal vorgenommen werden.

keine Pauschalstreichungen im Personalbereich

Durch die Leistungsstrukturierung werden Tätigkeiten im Hinblick auf die Leistungserbringung, d.h. auf die Arbeitsergebnisse, Endprodukte überprüft, auf die betriebliche Notwendigkeit untersucht und auf eine mögliche Einsparung bewertet. Auf diese Weise werden überflüssige Leistungen (z.B. Doppelarbeiten) erkannt und nach einem zu erstellenden Personalabbauplan (vgl. Abb. 18) abgebaut.

2. Abbau der gewachsenen, unnötigen Sachkosten

Mit der Aufdeckung von überflüssigen Personalleistungen werden zugleich unnötige Sachkosten sichtbar. Diese können zurückgeführt werden auf: Überbleibsel aus der Wachstumsphase, auf die infolge der Zunahme der Beschäftigtenzahl gewachsenen Investitionen oder einfach auf die fehlende Kostentransparenz. Wonach die Kosten weniger nach der Höhe als vielmehr von der Verursachung und vom tatsächlich notwendigen Volumen her unbekannt sind.

Nutzenanalyse der Sachkosten

Je nach der Gesamtsachkostenhöhe kann durch die Leistungsstrukturierung und Erkennung von notwendigen oder unnötigen Leistungsoutputs eine für Unternehmen jeweils individuelle Sachkostenersparnis erzielt werden. Nach diesem Vorgehen werden auch im Sachkostenbereich keine Pauschalstreichungen vorgeschlagen, sondern durch die Analyse als unternehmerisch vorteilhaft erkannte Einsparungen vorgenommen.

G. Ergebnis

Die systematische Überprüfung der Gemeinkostenbereiche durch ein grundsätzliches Infragestellen aller erbrachten Leistungen und Arbeitsergebnisse ermöglicht eine objektive Beurteilung, welche Kosten in welcher Höhe und wann eingespart werden können.

Im Sachkostenbereich sind Einsparungen z.T. unproblematisch: Die erforderlichen Einsparungsalternativen (Kfz mit Dieselmotoren anstelle Benzinmotoren) werden konkret entwickelt, die Kostensenkungsvorschläge verabschiedet und realisiert. Das Kostensenkungsprogramm muß natürlich die Voraussetzungen erfüllen, wirtschaftlich vertretbar und in einem zeitlich vernünftigen Rahmen durchsetzbar zu sein.

Einsparungsmaßnahmen müssen wirtschaftlich sein

Anders zu behandeln sind Einsparungen im Personalbereich: Einerseits ist das Unternehmen bestrebt, personelle Härten zu vermeiden, andererseits wird der Konflikt mit dem Betriebsrat, in diesem sehr empfindlichen sozialen Bereich, fast zwangsläufig.

soziale Probleme im Personalbereich

Um rechtzeitig vorzubeugen, muß ein partnerschaftliches Zusammenarbeiten mit dem Betriebsrat angestrebt werden. Dies drückt sich in der grundsätzlichen Information des Betriebsrats über die geplante Maßnahme aus sowie im Hinweis auf die unverzichtbare Notwendigkeit solche Sparmaßnahmen dringend einzuleiten – bevor die Wirtschaftskraft des Unternehmens grundlegend geschwächt wird. Ein Zustand, der bei Hinausschieben von Rationalisierungsmaßnahmen folgerichtig größere Entlassungen nach sich ziehen würde.

Zusammenarbeit mit dem Betriebsrat

Personalabbau ohne Entlassungen

Gegenüber dem Betriebsrat muß das Bemühen des Unternehmens unterstrichen werden, daß Personaleinsparungen möglichst ohne Entlassungen vorgenommen werden. Diese selbstgestellte Forderung kann durch folgende Lösungsvarianten aus der Praxis gestützt werden:

- Personalumsetzung, d.h. Einsatz von einigen Mitarbeitern in anderen Unternehmensbereichen, die Personalbedarf haben
- freiwilliges Ausscheiden von Mitarbeitern aus dem Unternehmen und Nichtersetzen dieser Arbeitsstellen
- freiwillige Arbeitsreduzierung, z.B. durch weibliche Mitarbeiter
- Nichtersetzen von Personalabgängen bei Tod, Pensionierung und außerordentlicher Kündigung
- frühzeitige Pensionierungen.

Personalabbau mit Entlassungen

Inwieweit die gewünschte Personalfreisetzung, wie aufgezeigt, reibungslos gelöst werden kann, hängt vom zeitlichen Rahmen ab, in dem die Einsparungsvorschläge aus der Gemeinkosten-Wertanalyse tatsächlich umgesetzt, d.h. verwirklicht werden. Je länger die Frist, desto größer ist die Wahrscheinlichkeit, daß Personalfreisetzungen unternehmensintern problemlos erreicht werden können. Andernfalls sind Entlassungen durch Kündigung des Arbeitsverhältnisses nicht auszuschließen.

Als konkrete Maßnahmen zum Abbau des Personals zählen:

- Abbau von Mehr- und Schichtarbeit
- Verkürzung von Voll- auf Teilzeitarbeit
- Einführung von Kurzarbeit
- Beendigung der Beschäftigung von Aushilfen, Leiharbeitnehmern und befristet eingestellten Arbeitnehmern.

Den langjährigen Mitarbeitern wird häufig, vor allem bei Unternehmen mit guter Liquidität, eine Abfindung als Entlassungsbonus gezahlt. Die in Relation zu setzende Abfindungshöhe richtet sich dabei sinnvollerweise nach der Höhe der tatsächlich zu erwartenden Personalkosteneinsparungen.

Wird in Ihrem Unternehmen durch den geplanten Personalabbau von 10 Mitarbeitern z.B. eine Einsparung in Höhe von DM 600.000,– jährlich für die Gehälter einschließlich Sozialabgaben erwartet, so kann durchaus wirtschaftlich und sozial vertretbar sein, freiwillig eine einmalige Abfindung von jeweils 3 Monatsgehältern, d.h. insgesamt DM 100.000,– bis 150.000,– an die Entlassenen zu zahlen.

Zahlung von Abfindungen

Die Abfindungshöhe verhält sich dabei immer noch in einem günstigen Verhältnis zu Gesamtpersonalkostenersparnissen mittelfristig – auf 5 Jahre gerechnet – von DM 3 Millionen, die als Ergebnis der Gemeinkosten-Wertanalyse in diesem Beispiel angesetzt werden können.

IV. Projektvorbereitung und Projektorganisation als Grundlage der Gemeinkosten-Wertanalyse

A. Projektdauer

Das Gemeinkosten-Wertanalyse-Projekt beginnt mit der gedanklichen Auseinandersetzung und Willensbildung. Danach folgt die Entscheidungsphase, die schließlich die Auslösung und damit den Projektbeginn bestimmt.

Die Zeit zwischen der Analyse-Idee (oder dem Analyse-Anlaß) bis zur Projektentscheidung hängt maßgeblich von der betrieblichen Organisationsstruktur und damit von der Länge des Entscheidungsweges ab. Im Gegensatz zu den Großunternehmen, wo neben der Geschäftsleitung (Vorstand, Geschäftsführung) auch der Aufsichtsrat oder der Beirat (als Vertreter der Anteilseigner) größtenteils in den Entscheidungsprozeß einbezogen wird, ist in den mittleren und kleineren Unternehmen der Instanzenweg kürzer.

Großunternehmen haben längere Entscheidungswege

Häufig gehören die Inhaber auch der Geschäftsleitung an, in Personalunion, wodurch der Entscheidungsprozeß in der Regel kürzer ist. Ist der Beschluß durch die Geschäftsleitung schließlich – nach einem kurzen oder langen Vorstadium gefallen – wird das Projekt in relativ kurzem Zeitraum realisiert.

Für die Projektdauer (nur Analysearbeiten) ist ein Zeitraum von 4 Wochen für jede Analyseeinheit einzuplanen. Wobei in dieser Zeit 4 Analyseeinheiten (Abteilungen) von einem Analysekoordindator (qualifizierter Mitarbeiter des Unternehmens, vgl. S. 79) analysiert werden. Bei 8 Analyseeinheiten können dementsprechend 2 Analysekoordinatioren eingesetzt werden, um in 4 Wochen die Analysearbeiten zu beenden.

Grundsätzlich ist die Projektdauer damit abhängig von der Größe des Unternehmens, d.h. vom Analyseumfang, von der Anzahl der qualifizierten Mitarbeiter, die die Analysearbeiten durchführen werden und vom reibungslosen Projektablauf.

in 4 Wochen werden 4 Abteilungen analysiert

Auf die Projektdauer kann neben der Unternehmensgröße darüber hinaus der Eintritt unvorhergesehener Komplikationen unternehmensinterner Art Einfluß haben. Solche Schwierigkeiten können u.a. auftreten bei mangelnder Eignung der für die Projektarbeit berufenen Mitarbeiter oder bei Einwirkung des Betriebsrats sowie bei Widerständen der im Kostensenkungsprozeß beteiligten Mitarbeiter.

B. Projektphasen

Das Gesamt-Projekt vollzieht sich in 3 Phasen:

Vorbereitungsphase	Berufung der Projektmitarbeiter
	Festlegung der Analyseeinheiten
	Ablauffestlegung des Projektes
	Mitarbeiterinformation
	Schulung der Projektmitarbeiter
Durchführungsphase	Ist-Aufnahme
	Nutzenanalyse
	Maßnahmenbewertung
Realisierungsphase	Personal- und Sachkosten-Abbau
	Bestimmung von Realisierungs-verantwortlichen
	Maßnahmenüberwachung

1. Vorbereitungsphase

Dem wertananlytischen Teil sind in dieser Phase Vorbereitungsmaßnahmen, die den eigentlichen Analyse-Prozeß in Gang setzen, vorgeschaltet.

Die Vorbereitungsphase setzt sich zusammen aus dem Entscheidungsvorgang und aus organisatorischen Arbeiten:

gründliche Vorbereitungsmaßnahmen

a) Meinungs-, Willenbildungs- und Entscheidungsprozeß
D.h. Sie haben die Notwendigkeit des Gemeinkostenabbaus erkannt und haben sich für die Durchführung der Gemeinkosten-Wertanalyse entschieden.

b) Projektorganisation
In der Vorbereitungsphase wird schon der Grundstein für die nutzbringenden Analysearbeiten gelegt.
Dazu gehört:

1. Berufung des Entscheidungsgremiums als sogenanntes Lenkungs- und Kontrollorgan, bestehend aus der Geschäftsleitung (vgl. S. 78).
2. Bestimmung der Projektmitarbeiter aus dem Personalressort, die für die Informations- und Personal-Koordinationsarbeiten zuständig sind.
3. Berufung der Analysekoordinatoren; Führungsmitarbeiter aus dem Unternehmen, die zur Durchführung der Analyse ausgewählt werden (vgl. S. 79).
4. Berufung der Leiter der Analyseeinheiten; meistens zuständige Abteilungsleiter, die die Gemeinkosten-Wertanalyse überwiegend durchführen (vgl. S. 80).

eine Analyseeinheit ist in der Regel eine Abteilung

5. Festlegung der Analyseeinheiten nach Untersuchungswürdigkeit und Größe durch das Personalressort. In der Regel handelt es sich um Abteilungen aus dem Gemeinkostenbereich.
6. Schriftliche Information der Führungskräfte, der Mitarbeiter und des Betriebsrates, durch die Geschäftsleitung.
7. Fachliche Unterweisung (Schulung) der Analysekoordinatoren und der Leiter der Analyseeinheiten in die Methodik, durch die Unternehmensleitung oder durch einen Unternehmensberater und Trainer.

c) Dauer der Vorbereitungsphase: ca. 2 Wochen.

Grundvoraussetzung für den erfolgreichen Projektablauf ist neben der sorgfältigen Vorbereitung auch eine detaillierte Planung von einzelnen Projektstufen. Die Planung sowie die Durchführung der Projektstufen wird in der anschließenden Durchführungsphase und vor allem im nachfolgenden praktischen Fall aufgezeigt und erläutert.

den Projektablauf im Detail planen

2. Durchführungsphase

Die Durchführungsphase ist das Kernstück der Wertanalyse. Der Erfolg hängt im wesentlichen von den fachlichen und menschlichen Qualitäten der Projektmitarbeiter, von deren Einsatz sowie von der straffen und reibungslosen Projektsteuerung ab.

qualifizierte Projektmitarbeiter und ein reibungsloser Projektablauf sichern den Erfolg

Die Durchführungsphase gliedert sich in drei Projektstufen. Diese werden nach einem genau festgelegten Plan und Vorgehen von den Analysekoordinatoren in enger Zusammenarbeit mit den Leitern der Analyseeinheiten ausgeführt.

a) *Ist-Aufnahme (Projektstufe 1)*

– Grundlagenschaffung

1) Festlegung des zeitlichen Projekt-Ablaufs (vgl. Abb. 8 und 9).
2) Information und Anleitung der Leiter der Analyseeinheiten zur Strukturierung von Personalleistungen (Outputs) anhand von Strukturierungsbeispielen durch die Analysekoordinatoren.

– Projektarbeiten

1) Erarbeitung eines Organigramms aller im jeweiligen Unter-

wichtig

daran müssen wir denken

persönliche Notizen

suchungsbereich tätigen Mitarbeiter durch die Leiter der Analyseeinheiten (vgl. Abb. 10).

2) Erfassung und Strukturierung der in der Analyseeinheit anfallenden Personalleistungen (vgl. Abb. 12).

3) Ermittlung des Zeitverbrauchs für jede einzelne Leistung beim jeweiligen Leistungserbringer (vgl. Abb. 11 und 13).

4) Ermittlung von angefallenen Sachkosten (in DM) und Abgabe in Mengeneinheiten.

5) Angabe von Abteilungen oder externer Stellen, denen die Leistungen der Analyseeinheit zugeordnet werden.

b) *Nutzenanalyse (Projektstufe 2)*

1) Entwicklung von Einsparungsideen:
Unter dem Kriterium der Kostensenkung wird die von der Unternehmensleitung festgelegte Reduktionsquote von z.B. 30 % Einsparungen angewandt. Die Leiter der Analyseeinheiten müssen dieser anspruchsvollen Zielsetzung Rechnung tragen, indem sie kreativ Ideen entwickeln und Streichungen von mindestens 30 % aller Leistungen als Ersparnis vorschlagen.
Obwohl diese hohe Reduktionsforderung den Leitern der Analyseeinheiten zunächst problematisch erscheint, wird sie dennoch erfüllt.

alle Analyseeinheiten müssen 30 % erbringen

Widerstände, die in Ausnahmefällen auftreten könnten, werden dadurch abgebaut, indem der Zwang zur Einsparung allen Analyseeinheiten auferlegt wird. Damit sind alle Leiter der Analyseeinheiten gleichermaßen betroffen.

kein Halt vor bereits rationalisierten Abteilungen

Ist jedoch eine Ananlyseeinheit z.B. vor relativ kurzer Zeit rationalisiert worden, so müssen trotzdem Vorschläge von 30 % Einsparungen erbracht werden, wenn auch im Endergebnis nur geringe Einsparungen realisiert werden können.

Diese zunächst nicht sinnvoll erscheinende Vorgehensweise leuchtet ein, da andernfalls einer Ausnahme weitere folgen könnten.
Außerdem muß die Kreativität zur Ersparnis in jedem Fall auf das Äußerste gefördert werden in der Absicht, daß dadurch immer neue Kosteneinsparungen erkannt und Grenzwerte erreicht werden.

2) Abstimmung der Einsparungsideen mit den unternehmensinternen Empfängern von Leistungen:;
Vorgeschlagene Leistungsstreichungen bedeuten oftmals Qualitätsminderungen bei Leistungsnutzern (z.B. Teilverzicht auf arbeits- und kostenintensives Design). Häufig erklären sich leistungsempfangende Abteilungen auch bereit, auf bestimmte Leistungen vollständig zu verzichten (z.B. auf Wochen- oder Monatsberichte).
Ein Entgegenkommen bei sinnvollen Einsparungsvorschlägen ist von betroffenen Abteilungen oder Stellen in der Regel schon aus Solidarität (Verständnis) zu erwarten, da diese ebenfalls im eigenen Bereich Einsparungsvorschläge entwikkeln müssen, und daher die Ersparnissachzwänge kennen.
Werden die Einsparungsvorschläge von empfangenden Stellen trotz Bemühens wegen Unverzichtbarkeit dennoch abgelehnt, beginnt erneut der kreative Prozeß, weitere Einsparungsideen vorzuschlagen, bis die Reduktionsquote von 30 % erreicht ist.

Solidarität der Leistungsnutzer

Anmerkung

Einsparungsvorschläge der einen Analyseeinheit können grundsätzlich nicht bei einer anderen Analyseeinheit angerechnet werden. Die leistungsempfangende Abteilung kann allerdings durch den Verzicht auf diese Leistung zusätzliche

keine Ersparnisanrechnung beim Leistungsnutzer

Einsparungen erzielen. Dann jedoch ist es eine eigene Leistungseinsparung des Leistungsnutzers.

durch abteilungsübergreifende Vorschläge Zusatznutzen

3) Erfassung von übergreifenden Vorschlägen:
Aus Kenntnis von Unternehmens-Zusammenhängen sind Leiter der Analyseeinheiten sowie Analysekoordinatoren im Stande, Empfehlungen bzw. Vorschläge zu erarbeiten, die andere Abteilungen betreffen. Durch diese übergreifenden Vorschläge können z.B. Arbeitsvereinfachungen, Systemrationalisierungen und damit Ersparnisse erzielt werden. U.a. führt eine Verkürzung der Arbeitswege im Lager durch den Einbau von Förderbändern zur Einsatzoptimierung von Mitarbeitern ebenso wie eine Ausstattung des Kundendienstes mit Funkgeräten.

c) *Maßnahmenbewertung (Projektstufe 3)*

Die vorgeschlagenen Einsparungsideen werden nach ihrer sachlichen Durchführbarkeit von den Leitern der Analyseeinheiten in Zusammenarbeit mit den Vorgesetzten bewertet – nachdem sie mit den Leistungsnutzern abgestimmt wurden.

möglichst viele A-Bewertungen

Zur Klassifizierung von Einsparungsideen gibt es drei Bewertungskriterien: A, B und C.

A-Bewertung: die Durchführbarkeit ist gut
B-Bewertung: die Durchführbarkeit ist noch nicht entschieden
C-Bewertung: die Idee wird verworfen.

Die Ideen mit der A-Bewertung werden nach Vorlage vom Entscheidungsgremium überprüft, verabschiedet und zur Realisierung freigegeben.

Die zunächst festgelegten B-Ideen werden in einem erneuten Ent-

scheidungsprozeß, unter evtl. Beteiligung der leistungsempfangenden Abteilung, des Analysekoordinators und des Vorgesetzten entweder für die Durchführung vorgeschlagen, also mit A bewertet oder verworfen, d.h. mit C bewertet.
Die vom Leiter der Analyseeinheit mit C bewerteten und damit verworfenen Ideen können vom Analysekoordinator und/oder vom Entscheidungsgremium mit B bewertet werden und damit in den erneuten Entscheidungsprozeß zurückgeführt werden.

3. Realisierungsphase

Im Anschluß an die Analysearbeiten (1 Analysekoordinator beendet die Durchführungsphase für ca. 4 bis 5 Untersuchungsbereiche in 4 Wochen) beginnt die Phase der Realisierung von erarbeiteten und verabschiedeten Einsparungsmaßnahmen.

Sachkostenersparnis in einem Jahr

Die Realisierung von Einsparungen im Sachkostenbereich erfolgt teilweise sofort nach Erkennen des Einsparungspotentials durch die Projekt-Verantwortlichen und soll spätestens in 1 Jahr abgeschlossen sein.

Personalkostenersparnis spätestens in 2 Jahren

Die personelle Realisierung bedarf fallweise eines längeren Zeitraums, da die Personaleinsparungen – wie unter Teil III. G behandelt – möglichst ohne Entlassungen vorgenommen werden. In der Regel hängt diese Zielsetzung von der Altersstruktur der Mitarbeiter und von deren Firmenzugehörigkeit ab.

Jedoch unabhängig davon, ob die Entlassungen vorgenommen werden oder nicht, für die Gesamtrealisierung muß ein Zeitraum von ca. 2 Jahren vorgesehen werden, wobei Teilrealisierungen (Umbesetzungen, Pensionierungen, Überstundenkürzungen und Entlassungen) auch wärend dieses Zeitrahmens erfolgen.

Realisierung hat höchste Priorität

Neben der zeitlichen Realisierung muß die sachliche Abwicklung im Unternehmen oberste Priorität erhalten. Viele Kostensenkungsprogramme sind zum Scheitern verurteilt, da die Einsparungsmaßnahmen nicht konsequent genug betrieben werden.

Die Realisierung muß daher nach einem festgelegten Ablaufplan abgewickelt werden.

a) *Personal- und Sachkostenabbauplan (vgl. Abb. 18)*

Von dem Leiter der Analyseeinheit wird ein Ablaufplan erstellt, der die Lösungswege für den Personal- und Sachkostenabbau enthält. Dieser setzt sich wie folgt zusammen:

1) Sachkostenbereich
   - Streichung von unnötigen Kosten
   - Entwicklung kostengünstiger Alternativen.
2) Personalkostenbereich
   - Tätigkeitsverlagerungen, Zusammenlegungen-, Kürzungen
   - Pensionierungen, Entlassungen.

b) *Berufung von Realisierungsverantwortlichen*

Zur Durchführung von Realisierungsarbeiten wird für die Realisierungsphase je nach Größenordnung des Unternehmens, für je 8 bis 10 Analyseeinheiten 1 Realisierungsverantwortlicher – ein Projektmitglied aus der Vorbereitungs- und Durchführungsphase – berufen.

c) *Maßnahmenüberwachung*

Der Personal- und Sachkostenabbauplan wird nach Erarbeitung durch die Leiter der Analyseeinheiten mit dem Personalressort und dem Entscheidungsgremium abgestimmt. Die einzelnen Realisierungsschritte werden vom Realisierungsverantwortlichen überwacht und zum Abschluß gebracht.

C. Projektorganisation

Die Gemeinkosten-Wertanalyse wird maßgebend von den ausgewählten Führungskräften des Unternehmens, den Analyse-Koordinatoren und den Leitern der Analyseeinheiten getragen.

Für die Auswahl der Analysekoordinatoren und der Leiter der Analyseeinheiten sind folgende Kriterien von entscheidender Bedeutung:

- analytisches Denkvermögen
- Kreativität
- Durchsetzungsstärke und
- Teamwork.

Projektarbeit durch qualifizierte Mitarbeiter des Unternehmens

In den Projektablauf sind außerdem hauptverantwortlich eingeschlossen: die Geschäftsleitung (Vorsitzender, Sprecher), das Entscheidungsgremium (Mitglieder der Geschäftsleitung) und das Personalressort – jedoch nicht der Betriebsrat, dieser wird lediglich über den Ablauf informiert!

1. Projekt-Organigramm

Am Beispiel des Projekt-Organigramms (vgl. Abb. 7) ist eine Übersicht der am Projekt beteiligten Mitarbeiter des Unternehmens widergegeben.

wichtig

daran müssen wir denken

persönliche Notizen

Aus dieser Übersicht ist zwar keine hierarchische Projektordnung unmittelbar abzuleiten, jedoch können dadurch die Stufen des Entscheidungsprozesses – und zwar von unten nach oben – dargestellt werden.

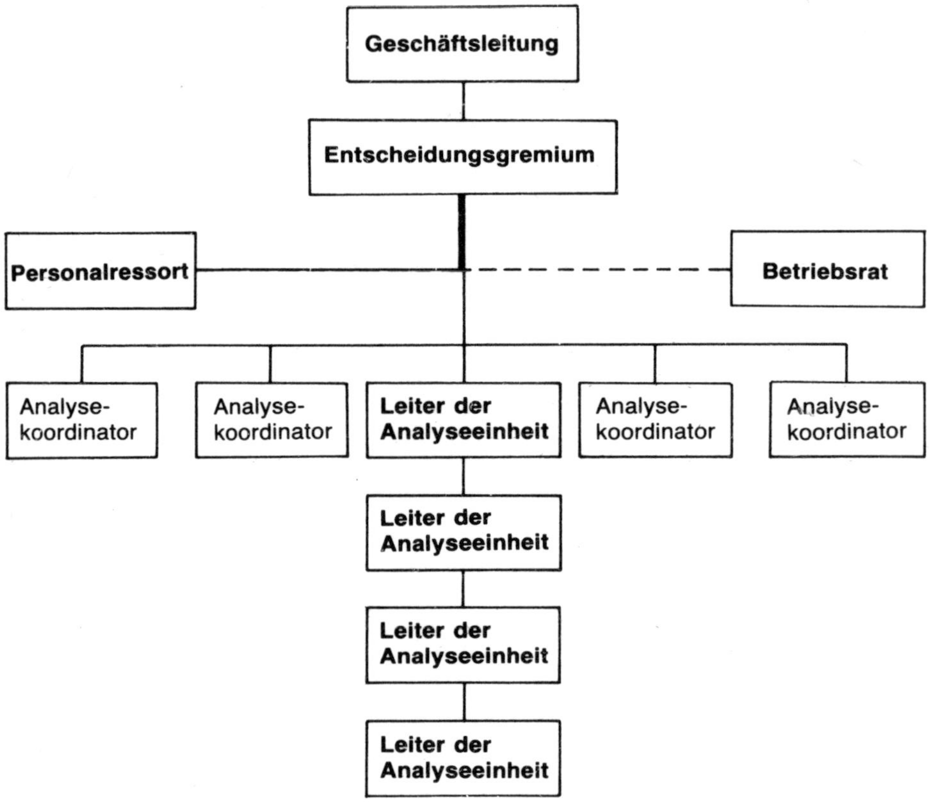

Abb. 7: Projekt-Organigramm

2. Aufgaben der Projektmitglieder in einer Kurzübersicht

Die Geschäftsleitung:

Schafft unternehmenspolitische Voraussetzungen für das Gesamtprojekt und bestimmt die Vorgehenspolitik.

Das Entscheidungsgremium:

Organisiert, kontrolliert das Gesamtprojekt und verabschiedet die Einsparungsmaßnahmen.

Der Analysekoordinator:

Vorbereitet und steuert die Projekt-Durchführung, überwacht den Ablauf und erstellt die Ergebnisse der Durchführungsphase.

Der Leiter der Analyseeinheit

Strukturiert die Leistungen und Kosten, führt die Nutzenanalyse durch, schlägt die Einsparungsideen vor und realisiert die Kostenabbaumaßnahmen.

Das Personalressort:

Koordiniert in Abstimmung mit der Geschäftsleitung und dem Entscheidungsgremium die Maßnahme (vor allem nach der Durchführungsphase).

Der Betriebsrat:

Wird über das Projekt informiert und bei zustimmungspflichtigen Maßnahmen herangezogen.

D. Hauptaufgaben der Projektmitglieder

Damit das Projekt reibungslos abläuft, müssen die Aufgaben der Projektmitglieder genau definiert, die Aufgabengebiete untereinander abgegrenzt und die Kompetenzen festgelegt werden.

1. Die Geschäftsleitung

Die Geschäftsleitung schafft unternehmenspolitische und strategische Voraussetzungen für das Gesamtprojekt, trifft und verabschiedet die Entscheidung für die Durchführung der Wertanalyse, vertritt das Projekt nach innen und nach außen, bestimmt die Realisierungspolitik und beruft das Entscheidungsgremium. Das Projekt endet mit dem Abschluß der Realisierungsmaßnahmen.

2. Das Entscheidungsgremium

Das Entscheidungsgremium besteht aus zwei oder mehr Mitgliedern – deren Zuständigkeit umfaßt 4 Ananlyseeinheiten. Diese sind in der Regel Mitglieder des Vorstandes, der Geschäftsführung oder Prokuristen.

Der hohe hierarchische Grad im Unternehmen ist gewissermaßen Voraussetzung für die weittragende Verantwortung des Gesamtprojektes, die dem Gremium auferlegt ist. Die Mitglieder des Entscheidungsgremiums steuern und überwachen den gesamten Vorgang einschließlich Realisierung von Einsparungsmaßnahmen.

Die Hauptaufgaben der Mitglieder umfassen:

- Berufung der Analysekoordinatoren
- Berufung von Realisierungsverantwortlichen (Realisierungsphase)
- Überwachung des gesamten Projektablaufs
- Ergebniskontrolle aus der jeweiligen Analyseeinheit
- Information über den Projektablauf gegenüber der Geschäftsleitung, dem Personal und dem Betriebsrat
- Verabschiedung aller Einsparungsmaßnahmen
- Genehmigung zur Terminverschiebung bzw. Änderung von bereits verabschiedeten Maßnahmen
- Einleitung, Organisation und Abverfolgung der Maßnahmenrealisierung (nach der Durchführungsphase)
- Verabschiedung des Personal- und Sachkosten-Abbauplanes.

3. Der Analysekoordinator

Der Analysekoordinator ist jeweils ein besonders qualifizierter Mitarbeiter des Unternehmens. Dieser ist vollzeitig mit der Durchführung der Gemeinkosten-Wertanalyse beauftragt und ist verantwortlich für ca. 4 Analyseeinheiten. Je nach Größenordnung des Unternehmens werden entsprechend viele Analysekoordinatoren bestellt und eingesetzt. Die Projektdurchführung des Analysekoordinators gliedert sich in folgende Hauptaufgaben:

full-time-job für ca. 4 bis 8 Wochen

- Planung der Projektdurchführung in Absprache mit den Leitern der Analyseeinheiten
- Steuerung und Überwachung des Projektablaufs bei zugeordneten Analyseeinheiten:
  Einhaltung der Gemeinkosten-Wertanalyse-Richtlinien (methodisch konformes Vorgehen nach diesem Buch)

die Formularführung (vgl. Abb. in Teil V)
Termineinhaltung
- Unterstützung der Leiter der Analyseeinheiten in allen Fragen der Projektdurchführung
- Motivation der Leiter der Analyseeinheiten und Förderung der Ideenfindung
- Sammlung von übergreifenden Vorschlägen mit Lösungen
- Prüfung der Sachkosteneinsparungs-Alternativen auf Realisierbarkeit
- Kontrolle von Ergebnissen der einzelnen Projektstufen
- Zusammenfassung der Ergebnisse und Präsentation vor dem Entscheidungsgremium.

4. Der Leiter der Analyseeinheit

Das Personalressort legt in Abstimmung mit dem Entscheidungsgremium die jeweilige Analyseeinheit fest, die meistens mit einer Abteilung identisch ist. Der zuständige Abteilungsleiter wird somit projektbezogen, d.h. für die Zeit des Projektes zum Leiter der Analyseeinheit. Sein Arbeitsvolumen richtet sich im wesentlichen nach der Anzahl der Mitarbeiter und nach der Verschiedenartigkeit der Arbeitsgebiete in der Abteilung.

60 % des Arbeitseinsatzes für Analysearbeiten vorsehen

Der Leiter der Analyseeinheit ist im Projekt für folgende Tätigkeiten zuständig:

- führt in seiner Analyseeinheit eigenverantwortlich das Projekt durch;
- erstellt das Mitarbeiter-Organigramm;
- strukturiert die Leistungen;
- bewertet die Leistungen;

- ermittelt die Sachkosten;
- entwickelt Einsparungsideen – 30 % des Untersuchungsumfanges;
- bewertet die Einsparungsideen (in Abstimmung mit den Vorgesetzten);
- sammelt übergreifende Vorschläge;
- schlägt Einsparungsmaßnahmen vor;
- führt die sachliche Realisierung von Einsparungsmaßnahmen durch (in Koordination mit dem Personalressort).

E. Einstellungssperre

Mehrarbeiten verteilen

Während der Analysearbeiten und in der Realisierungsphase ist über die Untersuchungsbereiche eine Einstellungssperre anzuordnen. Bei fehlender Konsequenz wird die Projektarbeit gestört oder sogar in Frage gestellt. Der Istzustand der Leistungen darf zwar verändert werden, die Mehrarbeiten müssen allerdings vom vorhandenen Mitarbeiterstamm erledigt werden. Dennoch besteht in der Regel keine Gefahr der Überbelastung der einzelnen Mitarbeiter, da Personalreserven vorausgesetzt sind und Einsparungen erwartet werden.

keine Neueinstellungen während des Projekts

Macht jedoch eine hohe Auftragslage weitere Arbeitskräfte im Unternehmen erforderlich, so sollte schon während der Projektarbeit die fehlende Arbeitskapazität durch eine Umsetzung der unternehmenseigenen Mitarbeiter gelöst werden. Künftige Realisierungsmaßnahmen würden damit für einen Teil von Einsparungen sinnvoll im Vorwege gelöst werden können.

In den Fällen, in denen das Unternehmen den neu entstandenen Personalbedarf allerdings nicht aus eigenen Reihen decken kann, sollte jede Neueinstellung einer eingehenden Überprüfung auf tatsächliche Notwendigkeit unterzogen werden.

V. Gemeinkostensenkung durch Wertanalyse, aufgezeigt an einer betrieblichen Analyseeinheit

In Unternehmen, in denen die Gemeinkosten-Wertanalyse durchgeführt wird, müssen alle betrieblichen Gemeinkostenbereiche (vgl. Kap. I. G), in die Maßnahme einbezogen werden. Würden nur einige Bereiche berücksichtigt werden, wäre der erwartete Erfolg bei Kosteneinsparungen stark gefährdet. Denn die den Erfolg bestimmende und für die Kostenersparnis maßgebliche oberste Prioritäts-Forderung würde nur teilweise gelten – mit der Auswirkung, daß der psychologische Druck, alle Bereiche seien gleichermaßen betroffen und müssen Kosteneinsparungen erbringen, bei Mitarbeitern ausbleiben würde.

alle Gemeinkostenbereiche müssen untersucht werden

In dieser Abhandlung kann natürlich nicht auf alle zu untersuchenden Gemeinkostenbereiche eingegangen werden. Allein die branchenspezifischen Unterschiede und mannigfache Unternehmensgrößenordnungen würden ein solches Vorgehen nicht sinnvoll erscheinen lassen. Vielmehr wird durch den folgenden Simulationsfall, beispielhaft für andere Gemeinkostenbereiche, ein allgemeingültiger Praxisfall herangezogen.

Zur ersten Einführung und zum grundsätzlichen Verständnis der Methodik eignet sich im besonderen der Bereich Allgemeine Verwaltung.

Nach einer eingehenden gedanklichen Nachvollziehung der Bearbeitungsschritte in diesem gewählten Beispiel sind Sie in der Lage, Gemeinkostenbereiche – hier Analyseeinheit genannt – in Ihrem Unternehmen nach dem Verfahren der Wertanalyse zu durchleuchten und Kosteneinsparungen zu realisieren.

wichtig

daran müssen wir denken

persönliche Notizen

A. Vorbereitungsphase

1. Projektvorbereitende Maßnahmen und Einweisung in die Methodik

Berufung der Projektmitarbeiter

Zunächst werden Projektmitarbeiter, das Entscheidungsgremium, der Analysekoordinator und der Leiter der Analyseeinheit, Allgemeine Verwaltung, berufen (vgl. Kap. IV). Danach werden der Betriebsrat und alle Mitarbeiter des Unternehmens über die Maßnahmenerfordernis und über den Projektbeginn informiert. Für die Information ist – der bedeutungsvollen Maßnahme wegen – die Unternehmensleitung zuständig. Zur Aufgabe der Geschäftsleitung gehört auch die Einweisung der Projektmitarbeiter in die Methodik der Gemeinkosten-Wertanalyse. Für die Schulung müssen 1 bis 1½ Tage vorgesehen werden.

Information des Betriebsrats und aller Mitarbeiter

Schulung der Projektmitarbeiter durch die Geschäftsleitung

Zur Vorgehensweise wird folgendes Schulungsprogramm unter Zuhilfenahme dieses Buches empfohlen:

1. Tag

1. Schritt: Darlegung der Erfordernis für die Kosteneinsparungen in Ihrem Unternehmen. Dazu verwenden Sie in einer verkürzten, jedoch ausreichenden Form Teile dieses Buches: Kap. I, A, B, C, E, F, G

2. Schritt: Einführung in die Gemeinkosten-Wertanalyse: Kap. III, B. 8, D, E, F, G (ohne Problembeschreibung: Betriebsrat)

3. Schritt: 2stündiges Selbststudium der Projektmitarbeiter: Kap. IV

4. Schritt: Wiederholung und Vertiefung des Stoffes zu Schritt 2 und 3 sowie eine Frage- bzw. Diskussionsstunde.

2. Tag

1. Schritt: Einweisung in das Fallbeispiel, Kap. V, und Diskussion

2. Schritt: Training der Methodik, vor allem in der Strukturierung der Leistungen, Kap. V, Projektstufe 1

3. Schritt: Übergabe von Formularen nach den Mustern aus dem Kap. V

4. Schritt: Start für den Projektbeginn

2. Projektübersicht des Entscheidungsgremiums

gleichzeitiger Analysebeginn

Den Projektbeginn sollten Sie für alle Analyseeinheiten und alle Analysekoordinatoren einheitlich festlegen. Wenn Sie jedoch über eine nicht genügende Anzahl von Analysekoordinatoren verfügen, z.B. nur zwei oder drei, können Sie die Gesamtzahl der Analyseeinheiten in zwei, drei oder vier Zeitabschnitte aufteilen. Im ersten Zeitabschnitt wird entsprechend mit der ersten Hälfte, oder mit dem ersten Drittel, oder mit dem ersten Viertel aller Analyseeinheiten begonnen.

ein Analysekoordinator analysiert in 4 Wochen 4 Analyseeinheiten

Nach dem Beginn des Projektes richtet sich dann auch das Projektende, das vier Wochen später und bei der Ausführung nach Zeitabschnitten jeweils um eine Woche zeitversetzt stattfindet.

Zu einer vollständigen Projektüberwachung werden Termine über den Projektbeginn, Projektende und Projektkonferenzen (vgl. S. 88) der Projektmitarbeiter in einer Übersicht festgehalten (vgl. Abb. 8).

wichtig

daran müssen wir denken

persönliche Notizen

Erklärung, Beispiel für 1 Analysekoordinator

Die Abb. 8 ist beispielhaft für einen Analysekoordinator erstellt worden. Die Zeitabschnitte des einen Analysekoordinators sind terminlich so festgelegt, daß dieser in jeweils vier Wochen vier Analyseeinheiten untersucht.

Analyseeinheiten \ Analyse-koordinator		Wendt					
		Beginn	Konfer.	Ende	Beginn	Konfer.	Ende
1. Zeitabschnitt	Allgemeine Verwaltung (Bayer)	2. 3.		24. 3.			
	Organisation und EDV (Keller)	2. 3.		25. 3.			
	Buchhaltung und Controlling (Huber)	3. 3.	6. 3. 20. 3.	23. 3.			
	Personal (Bruhns)	2. 3.		25. 3.			
2. Zeitabschnitt	Einkauf und Lager (Biermann)				5. 4.		27. 4.
	Forschung und Entwicklung (Muster)				5. 4.		26. 4.
	techn. Betriebs-leitung (Pölt)				6. 4.	9. 4. 16. 4.	27. 4.
	Betriebshandw. (Jäger)				5. 4.		25. 5.
Abschlußkonferenz		2. 4.			6. 5.		

Abb. 8: Projektübersicht für 1 Analysekoordinator

3. Projektkonferenzen

Die Projektmitglieder kommen eine Woche nach Beginn der Projektarbeit zu einer ersten Besprechung (Projektkonferenz) zusammen. Weitere Konferenzen können bei Bedarf wöchentlich anberaumt werden. Wenn keine besonderen Vorkommnisse, wie grundsätzliche Schwierigkeiten mit der Materie, bewältigt werden müssen, findet jeweils zum Schluß des Zeitabschnitts nur noch eine Abschlußsitzung (Konferenz des Entscheidungsgremiums) statt.

An den Konferenzen nehmen alle Analysekoordinatoren sowie Mitglieder des Entscheidungsgremiums, die die Konferenzen auch leiten, teil. In den Zwischenkonferenzen werden Fragen aus der Projektarbeit, z.B. zur Leistungsstrukturierung, vgl. Projektstufe 1, zu Bewertungsfragen und weiteren möglichen Einsparungsreserven erörtert. Ebenso werden Fragen zu übergreifenden Vorschlägen (vgl. Projektstufe 2, S. 106) angesprochen und diskutiert.

Die Abschlußkonferenzen hingegen dienen der Zusammenfassung von Ergebnissen aller Analyseeinheiten, der Berichterstattung durch die Analysekoordinatoren und der Verabschiedung der Einsparungsvorschläge durch das gesamte Entscheidungsgremium, vgl. Projektstufe 3, S. 112).

Verabschiedung der Sparmaßnahmen durch Entscheidungsgremium

4. Terminplanung der Analysekoordinatoren

Anhand eines angefertigten Terminplans, vgl. Abb. 9, stimmen die Analysekoordinatoren mit den Leitern der Analyseeinheiten vier Besprechungstermine für die drei Projektstufen (Ist-Aufnahme, Nutzenanalyse und Maßnahmenbewertung) ab.

genaue Terminplanung und Termineinhaltung

Ebenso müssen Analysekoordinatoren Zwischentermine mit den Mitgliedern des Entscheidungsgremiums festlegen. Diese Termine sind vorgesehen für die Vorentscheidung der vorgeschlagenen Einsparungsmaßnahmen, die von den Leitern der Analyseeinheiten er-

Vorentscheidung der Sparmaßnahmen durch Entscheidungsmitglieder

arbeitet wurden. Bevor die Einsparungsmaßnahmen vom gesamten Entscheidungsgremium verabschiedet werden, müssen die einzelnen Mitglieder des Entscheidungsgremiums noch die Vorentscheidung treffen.

Termine über die Projektkonferenzen werden in der Regel vom Entscheidungsgremium vorgegeben.

Erklärung, Beispiel für zwei Analysekoordinatoren (vgl. Abb. 9)

Die Termine werden so gelegt, daß nach vier Wochen 8 Analyseeinheiten durch 2 Analysekoordinatoren abgeschlossen werden können. Pro Woche ist die Durchführung von einer Projektstufe vorgesehen.

eine Projektstufe pro Woche

Die Analysekoordinatoren müssen auf die Termineinhaltung drängen und bei Problemen auf die oberste Priorität, die der Wertanalyse während der Projektdauer zukommt, hinweisen.

Anleitung zum Vorgehen:

Beim 1. Termin erläutert der Analysekoordinator dem Leiter der Analyseeinheit die 1. Projektstufe (Ist-Aufnahme), die dieser bis zum 2. Termin fertigstellen muß.

Beim 2. Termin wird die Ist-Aufnahme kontrolliert und wenn erforderlich, werden die strukturierten Leistungen noch detaillierter aufgegliedert. Für die Fertigstellung bis zum 3. Termin wird dann die Nutzenanalyse, die 2. Projektstufe, erörtert.

Beim 3. Termin wird die Nutzenanalyse auf die sachliche Richtigkeit und auf die volle Ausschöpfung von Einsparungsideen überprüft. Gegebenenfalls entwickeln der Analysekoordinator und der Leiter der Analyseeinheit weitere Ideen, vor allem dann, wenn einige nicht sinnvolle Ideen zurückgewiesen werden müssen.

Danach wird die 3. Projektstufe, Maßnahmen-Bewertung, erläutert. Abschließende Beratung der zu bewertenden Einsparungsideen wird dann mit dem Vorgesetzten bis zum 4. Termin bewerkstelligt und das Bewertungsergebnis dem Analysekoordinator – zur Vorentscheidung durch das Mitglied des Entscheidungsgremiums und zur endgültigen Verabschiedung durch das Entscheidungsgremium – überreicht.

	1. Projektstufe **Ist-Aufnahme**					2. Projektstufe **Nutzenanalyse**					3. Projektstufe **Maßnahmenbewertung**					Zusammenfassung				
	Mo	Di	Mi	Do	Fr	Mo	Di	Mi	Do	Fr	Mo	Di	Mi	Do	Fr	Mo	Di	Mi	Do	Fr
Leiter der Analyseeinheiten	2	3	4	5	6	9	10	11	12	13	16	17	18	19	20	23	24	25	26	27
Bayer	8^{00}					8^{00}					8^{00}						8^{00}			
Keller	11^{00}					10^{00}							8^{00}					10^{00}		
Huber		14^{00}				14^{00}					15^{00}					14^{00}				
Bruhns	14^{00}							10^{00}						8^{00}				8^{00}		
Biermann		8^{00}					11^{00}						14^{00}						11^{00}	
Schuster	9^{00}						14^{00}					10^{00}					11^{00}			
Pölt	15^{00}					11^{00}						17^{00}						14^{00}		
Jäger			11^{00}					14^{00}			11^{00}					8^{00}				
Braun												15^{00}					10^{00}			
Walter													10^{00}				13^{00}			
Mitglied des Entscheidungsgremiums																		11^{00}	14^{00}	
Projektkonferenzen					8^{00}										8^{00}					
Konferenz d. Entscheidungsgremiums																				9^{00}

Abb. 9: Terminplan für 2 Analysekoordinatoren

B. Durchführungsphase

1. Projektstufe 1: Ist-Aufnahme

a) *Organigramm*

Der Leiter der Analyseeinheit Allgemeine Verwaltung fertigt für seine Analyseeinheit ein Organigramm an. Neben den Namen der Mitarbeiter steht das Betätigungsfeld und die zahlenmäßige Angabe der Arbeitszeit in Mannjahren (vgl. Abb. 10).

Arbeitszeit in Mannjahren

Für die Ermittlung der Mitarbeiter-Arbeitszeit wird das jeweilige Vorjahr zum 01.01. bis zum 31.12. herangezogen, wobei nur die Mitarbeiter berücksichtigt werden, die mindestens ein halbes Jahr vor dem Jahresende in der Abteilung beschäftigt waren. Beträgt die Krankenzeit eines Mitarbeiters in diesem letzten halben Jahr einen Monat, muß die Anzahl des Mannjahres dieses Mitarbeiters um ein Sechstel bzw. entsprechend mehr bei längerer Abwesenheit abgezogen werden.

b) *Umrechnungstabelle nach Mannjahren*

In der Analyseeinheit sind alle Mitarbeiter zu erfassen, die Vollzeit- und Teilzeitbeschäftigten.

Für die Einsparungsvorschläge ist erforderlich, daß für die Mitarbeiter der Analyseeinheit Allgemeine Verwaltung eine Untersuchungsbasis für die Arbeitszeit ermittelt wird. Zugrundegelegt wird eine Arbeitszeitumrechnung in die Mannjahre.

Nach dem statistischen Durchschnittswert der Anwesenheit eines vollzeitig beschäftigten Mitarbeiters beträgt die Arbeitszeit bei einem 8-Stunden-Tag 220 Arbeitstage im Jahr.

Berechnungsbeispiel: (vgl. Abb. 11)

1 Mannjahr = 220 Arbeitstage = 1.760 Stunden/Jahr;
Arbeitszeit beträgt z.B. 3 Stunden/Tag x 220 Arbeitstage/Jahr = 660 Stunden/Jahr;
660 : 1.760 = 0,375; aufgerundet = 0,38 Mannjahre.

Anmerkung:

1 Mitarbeiter kann höchstens 1 Mannjahr erreichen, einschließlich evtl. unbezahlter Überstunden. Bezahlte Überstunden sind gegebenenfalls in DM umzurechnen und als Sachkosten zu berücksichtigen.

Projektstufe 1: Ist-Aufnahme

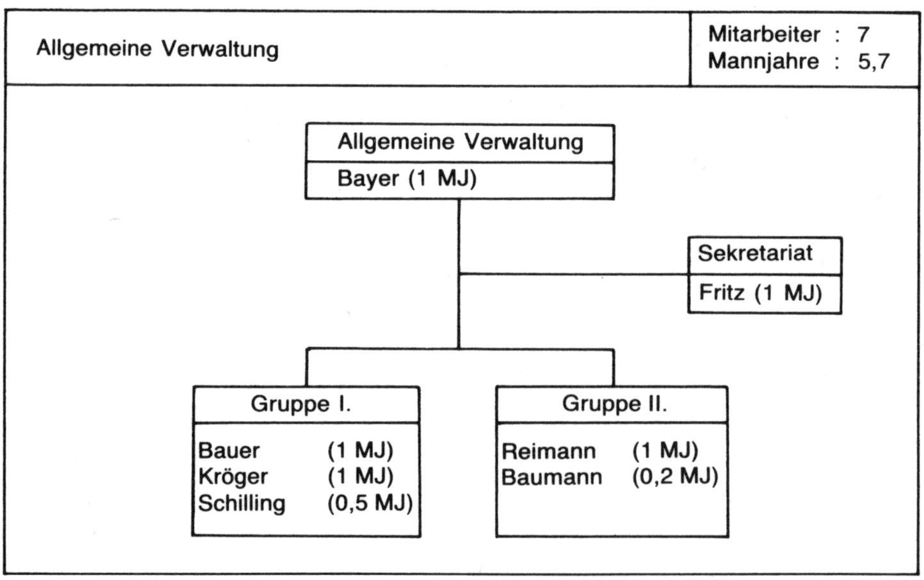

Abb. 10: Organigramm

a. Arbeitszeit: **täglich**								
8	Stunden	täglich	=	40	Stunden	wöchentlich	= 1,00	Mannjahr
7	Stunden	täglich	=	35	Stunden	wöchentlich	= 0,88	Mannjahre
6	Stunden	täglich	=	30	Stunden	wöchentlich	= 0,75	Mannjahre
5	Stunden	täglich	=	25	Stunden	wöchentlich	= 0,63	Mannjahre
4	Stunden	täglich	=	20	Stunden	wöchentlich	= 0,50	Mannjahre
3*	Stunden	täglich	=	15	Stunden	wöchentlich	= 0,38	Mannjahre
2	Stunden	täglich	=	10	Stunden	wöchentlich	= 0,25	Mannjahre
1	Stunde	täglich	=	5	Stunden	wöchentlich	= 0,13	Mannjahre
1/2	Stunde	täglich	=	3	Stunden	wöchentlich	= 0,06	Mannjahre
1/4	Stunde	täglich	=	1 1/4	Stunden	wöchentlich	= 0,03	Mannjahre
* Beispiel								
b. Arbeitszeit: **wöchentlich**								
5	Tage	wöchentlich	=	40	Stunden	wöchentlich	= 1,00	Mannjahr
4	Tage	wöchentlich	=	32	Stunden	wöchentlich	= 0,80	Mannjahre
3	Tage	wöchentlich	=	24	Stunden	wöchentlich	= 0,60	Mannjahre
2	Tage	wöchentlich	=	16	Stunden	wöchentlich	= 0,40	Mannjahre
1	Tag	wöchentlich	=	8	Stunden	wöchentlich	= 0,20	Mannjahre
1/2	Tag	wöchentlich	=	4	Stunden	wöchentlich	= 0,10	Mannjahre
c. Arbeitszeit: **monatlich**								
5	Tage	monatlich	=	40	Stunden	monatlich	= 0,25	Mannjahre
4	Tage	monatlich	=	32	Stunden	monatlich	= 0,20	Mannjahre
3	Tage	monatlich	=	24	Stunden	monatlich	= 0,15	Mannjahre
2	Tage	monatlich	=	16	Stunden	monatlich	= 0,10	Mannjahre
1	Tag	monatlich	=	8	Stunden	monatlich	= 0,05	Mannjahre
1/2	Tag	monatlich	=	4	Stunden	monatlich	= 0,03	Mannjahre

Abb. 11: Umrechnungstabelle

c) *Festlegung von Leistungen und Strukturierung*

Nach der Erstellung des Abteilungs-Organigramms einschließlich der Umrechnung der Arbeitszeit in Mannjahre strukturiert der Leiter der Analyseeinheit Allgemeine Verwaltung alle Leistungen seiner Mitarbeiter. Das Ziel der Strukturierung besteht darin, eine Ist-Aufnahme aller Leistungen von jedem Mitarbeiter zu erreichen.

Die ermittelten Leistungen dürfen dabei nicht mit Tätigkeiten gleichgesetzt werden. Eine Tätigkeit ist z.B. der Telefondienst oder das Schreiben nach Diktat.

Leistungen möglichst detailliert aufgliedern

Die Leistungen sind dagegen: Telefonate zur Einholung von Einkaufsangeboten oder zur Organisation einer Tagung, Schreiben von Verkaufsangeboten, von Mahnungen oder von Einladungen zur Tagung usw.

Eine Tätigkeit sagt zu wenig aus, eine Leistung bestimmt hingegen den Grund, warum sie erstellt wird. Sie muß als Ergebnis einer Tätigkeit nach der Fragestellung:

wofür?

Für wen?

wiedergegeben werden (vgl. Abb. 12).

d) *Ablauforientierte Leistungsstrukturierung*

Leistungen pro Tag, pro Woche erfassen

Die Leistungen der Analyseeinheit sind möglichst in der Reihenfolge ihres Ablaufs festzuhalten. Durch ein systematisches Vorgehen wird dadurch die Vollständigkeit von Leistungen eher gegeben sein.

Die erforderliche Ist-Aufnahme von Leistungen bedingt dabei einen hohen Grad der internen Kenntnisse über die Arbeitsabläufe und eine gewisse Kreativität, die Leistungszusammenhänge sinnvoll zu zergliedern.

e) *Ermittlung des Zeitverbrauchs*

Alle Leistungen in der Analyseeinheit werden von der Gesamtheit der der Analyseeinheit angehörenden Mitarbeiter erbracht. Um für jeden Mitarbeiter die Leistungen anteilig festzustellen, werden die Leistungen den Mitarbeitern nach Zeitverbrauch zugeordnet.

Grundsätzlich kann dabei eine Zeitmessung über einen längeren Zeitraum z.B. durch Selbstaufschreibung von verbrauchten Zeiten oder durch stichprobenartige Zeiterfassung erfolgen.

Für die Gemeinkosten-Wertanalyse besteht allerdings keine Notwendigkeit einer Zeitmessung, da sich ein gewisser Teil von Leistungen, z.B. aus dispositiver Arbeit (u.a. Führungsarbeiten, kreative Arbeiten, Denkarbeiten), zusammensetzt, wo Messungen ohnehin schwierig sind. Zum anderen wäre für repräsentative Messungen ein verhältnismäßig hoher Zeitaufwand erforderlich.

Aufgrund dieser Überlegungen aber auch wegen der positiven Praxiserfahrung geht die Wertanalyse von Schätzungen des Zeitverbrauchs aus, wonach ausreichend abgesicherte Annäherungswerte erreicht werden.

f) *Ermittlung der Mannjahre*

Zuordnung der Mannjahre

Nachdem alle Leistungen für die Mitarbeiter der Analyseeinheit, Allgemeine Verwaltung, vgl. Abb. 12, strukturiert, d.h. aufgegliedert wurden, müssen für alle Leistungen die zuordenbaren Mannjahre ermittelt werden. Die Zuordnung erfolgt nach dem Muster der Abb. 13.

In den Horizontalen sind sieben Mitarbeiter der Analyseeinheit ausgewiesen, in den Vertikalen die Nummern (1a – 62) aller Leistungen angeführt. Den jeweiligen Mitarbeitern wird folgerichtig die von ihnen erbrachte Menge der umgerechneten Verbrauchszeiten in Mannjahren zugeordnet.

Die Quersummen ergeben sodann die Gesamtjahres-Leistungen, bei den Vollbeschäftigten z.B. ein Mannjahr, bei den Halbtagsbeschäftigten ein halbes Mannjahr. Die Vertikalsummen geben die Mannjahre pro Leistung wieder. Die Additionen deren stellen schließlich die Gesamtleistung der Analyseeinheit in Mannjahren dar.

Projektstufe 1: Ist-Aufnahme

Allgemeine Verwaltung		Mitarbeiter : 7 Mannjahre : 5,7		Seite 1
Leist. Nr.	Leistungen (Tätigkeiten: wofür?)	Leistungs-nutzer	Zeit-ver-br.	Sach-kosten im Jahr
1a	Organisation der Messen (Messeaufbau)	Geschäftsl. Verkauf	0,6	6.000,–
1b	Schreiben und versenden von Messe-einladungen (1.200 Stück p.a.)	Verkauf	0,3	
1c	Zusammenstellung und Auswertung von Messe-Kundenkontakten	Verkauf	0,3	
2	Gesamten Posteingang sichten und verteilen	alle Abt.	0,35	
3a	Außendienstberichte nach geographischen Gebieten ordnen			
	und Aufträge geordnet verteilen (1.400 p.a.)	Verkauf	0,2	5.000,–
3b	Verkaufsdaten für die Auswertung erfassen	EDV	0,6	
4a	Erstellung von Arbeitsplänen der Mitarbeiter	intern	0,05	
4b	Arbeitsvorgänge koordinieren, ändern, festlegen	intern	0,05	
4c	Auswertung der Arbeitsvorgänge und Bericht	Geschäftsl. Buchhaltung	0,05	
5	Überwachung der Gleitzeit, Überstunden, Funktionszulagen für die Mitarbeiter	alle Abteilungen	0,2	
6	Spesenprüfung und Kassenzahlung für alle Mitarbeiter	alle Abteilungen	0,2	
7a	Einholen von Angeboten (Büromaterial, Bürogeräte)	alle Abteilungen	0,05	
7b	Vergleich von Angeboten	alle Abteilungen	0,1	
8	Besorgung von Großformat-Kopien	externe Werbeagent.	0,1	
9–62	Andere Leistungen		2,55	15.000,–
	Anmerkung:	Seitensumme	5,7	26.000,–
	Die Leistungen 1a, 1b, 1c werden eng mit der Verkaufsabteilung koordiniert.	aufgel. Summe	5,7	26.000,–

Abb. 12: Leistungsstrukturierung

Projektstufe 1: Ist-Aufnahme

Leist. Nr. / Mitarbeiter	1a	1b	1c	2	3a	3b	4a	4b	4c	5	6	7a	7b	8	9–62	Seiten-summe	aufgelauf. Summe
Bayer	0,1						0,05	0,05	0,05						0,75	1,0	1,0
Fritz	0,25		0,1	0,1							0,1				0,45	1,0	1,0
Bauer	0,25		0,2	0,05										0,1	0,4	1,0	1,0
Kröger					0,1	0,5									0,4	1,0	1,0
Schilling		0,3		0,2												0,5	0,5
Reimann										0,2	0,1	0,05	0,1		0,55	1,0	1,0
Baumann					0,1	0,1									—	0,2	0,2
Seiten-summe	0,6	0,3	0,3	0,35	0,2	0,6	0,05	0,05	0,05	0,2	0,2	0,05	0,1	0,1	2,55	5,7	5,7
aufgelauf. Summe	0,6	0,3	0,3	0,35	0,2	0,6	0,05	0,05	0,05	0,2	0,2	0,05	0,1	0,1	2,55	5,7	5,7

Abb. 13: Ermittlung des Zeitverbrauchs

Beispiel:

Der Abteilungsleiter Bayer verbraucht für die Leistung 1a, Organisation der Messen (vgl. Abb. 13), 4 Stunden wöchentlich; umgerechnet nach der Umrechnungstabelle, Abb. 11, sind das 0,1 Mannjahre. Für dieselbe Leistung verwenden die Mitarbeiter Fritz 0,25 und Bauer 0,1 Mannjahre, insgesamt also 0,45 Mannjahre. Diese Zahl wird in die Spalte Zeitverbrauch der Abb. 12 übertragen.

Diesem Vorgehen entsprechend wird auch der Zeitverbrauch in Mannjahren für alle anderen Leistungen ermittelt.

Schätzung von Sachkosten

g) *Sachkosten*

Für die Ermittlung von Sachkosten wird wie für die Feststellung des Zeitverbrauchs eine Schätzung erforderlich. Die Angabe erfolgt in tausend DM und bezieht sich überwiegend auf höhere Beträge ab DM 1.000,–.

Die Mengenangabe beispielsweise, von den die Sachkosten beeinflussenden Messeeinladungen (vgl. Abb. 12), gibt außerdem den Arbeitsumfang der Leistung wieder (1.200 Stück).

Leistungsnutzer bestimmen mit, ob künftig auf die Leistungen ganz oder teilweise verzichtet wird

h) *Leistungsnutzer*

Ein Teil der strukturierten Leistungen, wie z.B. Erstellung von Arbeitsplänen der Mitarbeiter, verbleibt in der Analyseeinheit, als eine Art eigene Verwaltungsarbeit (vgl. Abb. 12). Ein weitaus größerer Teil ist jedoch für andere Leistungsnutzer bestimmt.

Beispielsweise wird in der Analyseeinheit, Allgemeine Verwaltung, der gesamte Posteingang an andere Abteilungen verteilt oder die

Verkaufsdaten des Außendienstes werden erfaßt und zur Auswertung an die EDV geleitet.

Ebenso werden Leistungen erbracht, die für externe Stellen erledigt werden, wie die Herstellung von großformatigen Kopien zur Weiterleitung an die externe Werbeagentur.

Ob interne oder externe Stellen, die Bestimmung des Leistungsnutzers wird besonders dann von Bedeutung sein, wenn durch die Nutzenanalyse bestimmte Leistungen künftig eingespart werden.

2. Projektstufe 2: Nutzenanalyse

Die Strukturierung der Leistungen hat dem Leiter der Analyseeinheit, Allgemeine Verwaltung, eine Detailkenntnis und die gewünschte Transparenz über alle Leistungen in seinem Bereich gebracht.

Auf dieser Grundlage beginnt die kreative, geistige Auseinandersetzung um die Vorschläge zur Einsparung von Leistungen.

a) *Einsparungsideen*

Die Einsparungsvorschläge werden unterschieden nach den kreativen Einsparungsideen aus dem Personal- und dem Sachkostenbereich.

Die Einsparungen können erreicht werden durch:

- Leistungsveränderung
- Leistungsreduzierung
- und Leistungsverzicht.

Je nach der Analyseeinheit gibt es unterschiedliche Anforderungen an die Leistungserbringung aber auch vielfache Möglichkeiten, die Leistungen unter Einsparungsgesichtspunkten zu optimieren.

kreativ Einsparungsideen suchen

Einige Beispiele von Einsparungsideen in der Abb. 14 können eine erste Anregung und einen Aufschluß über die Vielfältigkeit von Einsparungsmöglichkeiten geben. Schließlich wird es heißen, einer relativ hohen Einsparungsquote genügen zu müssen.

b) *Reduktionsquote*

Einsparungsquote von mindestens 30 % muß erreicht werden

Das Entscheidungsgremium hat in Abstimmung mit der Geschäftsleitung eine Einsparungsquote von 30 % der Gemeinkosten festgelegt. Diese Mindesteinsparung muß jede Analyseeinheit erarbeiten und vorschlagen. Eine höhere Reduktionsquote ist natürlich in einigen Bereichen ebenso möglich wie gewünscht.

Anhand seines Leistungskatalogs (Beispiel: Abb. 14) entwickelt der Leiter der Analyseeinheit, Allgemeine Verwaltung, Einsparungsvorschläge.

Seiner Kreativität sind keine Grenzen gesetzt, allerdings müssen die Ideen die vorgegebenen Kriterien erfüllen.

Eine Einsparungsidee gilt als durchführbar, wenn:

- sie wirtschaftlich ist;
- unter Risikoabwägung akzeptabel ist;
- Aussicht auf Erfolg hat und
- innerhalb von einem Jahr im Sachkostenbereich und innerhalb von zwei Jahren im Personalbereich – nach Beendigung von Analysearbeiten – realisierbar ist.

c) *Einsparungsmaßnahmen*

Bestimmung von Einsparungsmaßnahmen

Einsparungsvorschläge müssen zu Einsparungsmaßnahmen umformuliert werden, um sie dadurch in der Realisierungsphase umsetzen zu können (vgl. Abb. 15).

Personal- und Sachkosten-Einsparungen*

Straffung administrativer Arbeiten

- Doppelarbeiten, unnötige Leistungen
- zu umfangreiches Berichtswesen
- Stichproben statt Vollerfassung

Senkung von Verwaltungsgemeinkosten

- Büromaterial, Kopierkosten
- Telefon, Telex, Porto
- Bestandsaufnahme: Zeitschriften, Mitgliedschaften

Vermeidung von Leerkapazitäten

- Zusammenlegung der Schreibdienste
- Glättung der Leistungsspitzen/Engpässe
- Überstundenreduzierung

Verzicht / Teilverzicht

- auf Muster, Proben
- aufwendige Prospekte
- kostenintensives Design

Veränderung von Arbeitsabläufen

- Sammelbestellungen, Sammellieferungen
- Standardbriefe, Einsatz von Schreibcomputer
- Fließband – statt Werkbankfertigung

Veränderung von Produktkomponenten

- Kauf statt Eigenherstellung
- Lizenz/Patentkauf statt Eigenentwicklung

Abbau manueller Tätigkeiten

- Einholung von Angeboten durch EDV
- Erstellung der Verkaufsbesuchsfolge der EDV
- Mahnwesen durch EDV

Veränderung von Entwicklungsverfahren

- Standardprodukte statt Sonderanfertigung
- Kunststoff statt NE-Metall
- Gießteil statt Drehteil

Einsatz leistungseffizienter Geräte

- Archivierung durch Mikroverfilmung
- computergesteuerte Teilfertigung
- andere Maschinenkombination

Reduzierung von Lagerkosten

- Lagerumschlagsgeschwindigkeit
- Abbau der Lagerhüter
- Teilvermietung der Lagerhallen

Vergabe von Arbeiten nach außen

- freie Mitarbeiter / Stundenkräfte
- externe Werbung / Marketing
- Spedition statt Selbstauslieferung

Reduzierung von Energiekosten

- energiesparende Fahrzeuge
- energiesparende Anlagen

*Anmerkung: Sachkosteneinsparung schließt die Gemein- und Einzelkosten ein.

Abb. 14: Einsparungsideen

Projektstufe 2: Nutzenanalyse

Allgemeine Verwaltung		Mitarbeiter : 7 Mannjahre : 5,7		Seite 1
Leist. Nr.	Einsparungsvorschläge/Maßnahmen	Leistungs-nutzer	Ersparnis	
			in Mannjahren	Sachkosten
1a	Beauftragung eines externen Messeorganisators	Geschäfts-leitung Verkauf	0,55*	3.000,–
1b	Reduzierung der manuellen Schreibarbeit durch Einsatz eines Schreibautomaten	Verkauf	0,25	
1c	Auf die umfangreiche Auswertung wird verzichtet	Verkauf	0,25	
3b	Umstellung der manuellen Tätigkeit auf EDV	EDV	0,60	
4b	Erarbeitung einer Stellenbeschreibung, nach der sich alle Mitarbeiter halten müssen	intern	0,05	
4c	Die Leistung wird voll eingespart, da 4b eingespart wird	Geschäfts-leitung	0,05	
7a	Anforderung von automatischen, monatlichen Angebotszusendungen durch den Handel	alle Abteilungen	0,05	
		Seitensumme	1,80	3.000,–
		aufgelaufene Summe	1,80	3.000,–

***Anmerkung:**

Durch die Einsparung von mehr als einer halben Arbeitskraft, die das Unternehmen ca. 30.000,– DM im Jahr kostet, kann ein Messeorganisator (Werbeagentur) für ca. 10.000,– DM beauftragt werden.

Abb. 15: Entwicklung von Einsparungsvorschlägen

Die zur Einsparung vorgeschlagenen 1,80 Mannjahre entsprechen einer Reduktionsquote von 31,6 %.

Die Untergrenze ist damit erreicht und sogar ein wenig überschritten worden.

Bevor diese Einsparungsvorschläge und Maßnahmen von dem zuständigen Analysekoordinator auf die wirtschaftliche Vernünftigkeit überprüft werden, muß eine Abstimmung mit den durch die geplante Einsparung betroffenen Abteilungen vorgenommen werden.

d) Abstimmung mit Leistungsnutzern

Der jeweilige – unternehmensinterne – Leistungsnutzer erhält vom Leiter der Analyseeinheit eine Liste der Arbeits- bzw. Einsparungsvorschläge, deren Empfänger er ist. Diese Vorschläge werden vom Leistungsnutzer darauf überprüft, inwieweit einem Leistungsverzicht entsprochen werden kann. Dazu stellt der Leistungsnutzer den Grad des bisherigen Leistungsempfangs fest und überprüft eingehend, wie und wodurch die zur Einsparung vorgeschlagenen Leistungen ersetzt bzw. weggelassen werden können.

Leistungsnutzer bereitet den Weg für die Einsparung vor

Dieser Abstimmungsvorgang wird auf den Erfahrungen der Vergangenheit aufgebaut und auf die künftigen Erfordernisse hin ausgerichtet. Im Hinblick auf den notwendigen Leistungsumfang kann dann die Ersparnishöhe nach unten oder auch nach oben variiert werden. Dies hat häufig zur Folge, daß der Leistungsnutzer durchaus einen höheren Einsparungsvorschlag, als zunächst erwogen, vorlegen kann. In welcher Höhe der Einsparung zunächst (vor der endgültigen Bewertung) zugestimmt wird, sollten der Leiter der Analyseeinheit und der Leistungsnutzer jeweils untereinander abstimmen.

Gemeinsam mit der Geschäftsleitung und dem Verkauf als Leistungsnutzern untersucht z.B. der Leiter der Analyseeinheit, Allgemeine Verwaltung, inwieweit die Messeorganisation einer externen Werbeagentur übertragen werden kann. Nach der Ermittlung des Leiters der Analyseeinheit würde durch diese Maßnahme mehr als ein halbes Jahr eingespart werden können. Dies entspricht einem Gehalt zuzüglich sozialer Abgaben des Unternehmens von ca. DM 30.000,– p.a. Nach Einholung von Kostenvoranschlägen würde aber eine Werbeagentur für dieselbe Leistung lediglich DM 10.000,– berechnen. Die Gegenüberstellung des Ist- mit dem Soll-Zustand (DM 30.000,– zu DM 10.000,–) zeigt einen eindeutigen Kostenvorteil der Einsparungsidee. Die Geschäftsleitung und die Verkaufsabteilung billigen daher den Vorschlag.

Neben der Personalkostenersparnis wird auch eine Sachkostenersparnis von ca. DM 3.000,– erzielt, da die Reisekosten, Spesen und Telefonkosten für die Messeorganisation entfallen.

Gegenüberstellung von Kosten und Nutzen

Wie in diesem Beispiel aufgezeigt, werden gleichermaßen sämtliche anderen Einsparungsvorschläge und Maßnahmen nach dem jeweiligen Nutzen analysiert, d.h. die Leistungen werden grundsätzlich in Frage gestellt und die Vor- und Nachteile – des Leistungserhalts einerseits bzw. den Leistungsverzichts andererseits – in Abstimmung mit dem Leistungsnutzer abgewogen.

e) *Kontrolle durch den Analysekoordinator*

nicht reelle Einsparungsvorschläge werden nicht berücksichtigt

Die vorgeschlagenen Einsparungsmaßnahmen werden einer eingehenden Überprüfung durch den zuständigen Analysekoordinator unterworfen. Die Untersuchung erstreckt sich auf die Beurteilungskriterien, ob die vorgeschlagenen Ideen wirtschaftlich und akzeptabel sind, Aussicht auf Erfolg haben und innerhalb von einem bzw. zwei Jahren realisierbar sind, vgl. S. 101. Bei Nichtvorhandensein eines der Kriterien wird der mangelhafte Einsparungsvorschlag zurückgewiesen. Eine oder entsprechend mehrere neue Ideen müssen erneut entwickelt werden, damit die Forderung nach der 30 % Reduktionsquote erfüllt wird.

f) *Übergreifende Vorschläge*

Die Leiter der Untersuchungsbereiche verfügen häufig über komplexe Kenntnisse nicht nur aus dem eigenen Wirkungskreis, sondern auch über unternehmensinterne Querverbindungen. Sie kennen Stärken und Schwächen des Systems und haben eine gute Erfahrungsbasis, daraus Verbesserungsvorschläge zu entwickeln.

Verbesserungsvorschläge für andere Abteilungen erbringen

Aufgrund dieser Transparenz ist der Leiter der Analyseeinheit, Allgemeine Verwaltung, im Zuge der Projektarbeiten aufgefordert, abteilungsübergreifende Vorschläge zu entwickeln und zu unterbreiten.

Ebenso erarbeitet der Analysekoordinator interessante Vorschläge, die dann nach einer gesamtheitlichen Überprüfung unter Einschluß des Entscheidungsgremiums nach wirtschaftlichen Gesichtspunkten überprüft und gegebenenfalls verabschiedet und realisiert werden.

Vor der Entscheidung für oder gegen einen Vorschlag findet eine kreative Phase statt, nach dem Motto, kein Vorschlag ist so abwegig, daß er nicht in Erwägung gezogen werden sollte.

In der Überprüfungsphase müssen die Vorschläge, die zu möglichen Maßnahmen umgesetzt werden, einer Kosten- und Nutzenanalyse standhalten.

Diese Gegenüberstellung ist vor allem bei investitionsintensiven

Errechnung der monetären Rückflußzeit

Maßnahmen (z.B. Kauf eines Schreibautomaten) besonders wichtig, wobei es auf die Rückflußzeit der Investition einerseits und auf die Kostenersparnis andererseits ankommt. Dabei sollte die Rückflußzeit bei den zu realisierenden Projekten zwei Jahre nicht überschreiten.

Beispiel:

Ein Schreibautomat mit Disketten, zum Abspeichern von kleinen Dateien, kostet DM 15.000,–. Geschätzte laufende Kosten für die Wartung werden mit jährlich DM 500,– angesetzt.

Dem gegenübergestellt beträgt die Mannjahr-Einsparung 0,7 Mannjahre.

Die geschätzte Rückflußzeit errechnet sich wie folgt:

$$\frac{\text{Anschaffungskosten und Wartungskosten (im Jahr der Anschaffung)}}{\text{bewertete Mannjahr-Einsparung (Gehalt und soziale Abgaben)}} =$$

$$= \frac{15.000,- + 500,-}{0,7 \times 30.000,-} = \frac{15.500,-}{21.000,-} = \mathbf{0,74\ Jahre}$$

Ergebnis:

- In einem Dreivierteljahr werden die Anschaffungskosten des Schreibautomaten einschließlich der einjährigen Wartungskosten durch die Personalkostenersparnis gedeckt.
- Die Rückflußzeit von nicht mehr als zwei Jahren wird hierdurch unterschritten.
- Die Entscheidung fällt zugunsten der Anschaffung von einem Schreibautomaten.

jeder Projektmitarbeiter muß seinen Beitrag leisten

Einige Beispiele von übergreifenden Vorschlägen in der Abb. 16 können als Anregung zum Finden weiterer Vorschläge herangezogen werden.

Wobei davon ausgegangen werden muß, daß die übergreifenden Vorschläge von jedem Projektmitarbeiter erbracht werden (müssen) und daß diese als ein konstruktiver Beitrag zur Verbesserung der Unternehmenssituation betrachtet werden.

keine Vorgabe

- Kosten und Nutzen der freien Handelsvertreter für den Verkaufsbereich prüfen;
- Überprüfung der Anforderungsprofile für Pkw der angestellten Verkaufsreisenden;
- Verbesserte Lieferbereitschaft in Teilbereichen;
- Überprüfung der Direktmailing-Angebots-Versendung auf Effizienz;
- Einsparungen durch Sortimentsstraffung in Teilbereichen;
- Durchforsten der vielfachen Zeitschriften und Zeitungen auf Erfordernis;
- Überprüfung der Kostenstellen-Abrechnung bei allen Kopierern auf den Nutzeneffekt;
- Überprüfung aller Versicherungsverträge auf Unter- oder Überversicherung;
- Umstellung des manuellen Mahnwesens auf EDV;
- Umstellung des Materialeinkaufs auf EDV;
- Umstellung der Berichtauswertung (im Verkauf) auf EDV;
- Zentralisierung des Einkaufs (fallweise Dezentralisierung).

Abb. 16: Beispiele zu übergreifenden Vorschlägen

3. Projektstufe 3: Maßnahmenbewertung

Der Leiter der Analyseeinheit, Allgemeine Verwaltung, bewertet seine vorgeschlagenen Einsparungsmaßnahmen nach Durchführbarkeitskriterien (A, B oder C) in Abstimmung mit seinem Vorgesetzten (vgl. S. 72).

Maßnahmenbewertung gibt den Ausschlag über die Realisierung

Die Bewertung, d.h. die Entscheidung für oder gegen einen Einsparungsvorschlag, ist von entscheidendem Interesse für die Abteilung und schließlich für das Unternehmen. Denn nach Abschluß der Bewertungswahl (A, B oder C) werden die A-Maßnahmen durchgeführt. Ein späteres Rückgängigmachen – nach Beendigung der Analysearbeiten – ist in der Regel nicht mehr möglich. Es sei denn, daß das Unternehmen zwischenzeitlich neue Erkenntnisse gewinnt, die die Maßnahmedurchführung wenig oder nicht sinnvoll machen.

A-Bewertung: die Durchführbarkeit ist gut

a) *Erster Bewertungsvorgang*

– A-Bewertung
  Ein Teil der vorgeschlagenen Maßnahmen unterliegt einer guten Durchführbarkeit, d.h. die spätere Realisierung von Maßnahmen ist unproblematisch. Diese Einsparungsmaßnahmen werden mit A bewertet.
  Der Leiter der Analyseeinheit wird in dieser abschließenden Projektstufe (Analyse) vom zuständigen Analysekoordinator stark unterstützt, möglichst viele Einsparungsvorschläge mit A zu bewerten, um dadurch ein gutes Gesamteinsparungsergebnis zu erzielen.
  Die Allgemeine Verwaltung bewertet mit A zunächst folgende Einsparungsvorschläge (vgl. auch Abb. 17).

Leist.-Nr. 4b:
Erarbeitung einer Stellenbeschreibung, nach der sich alle Mitarbeiter halten müssen.

Leist.-Nr. 4c:
Berichterstellung und Auswertung entfallen, da sie durch Stellenbeschreibungen überflüssig werden.

Leist.-Nr. 7a:
Einholung von Büromaterialangeboten wird durch die Anforderung von automatischen Angebotszusendungen durch die Anbieter (Handel) ersetzt.

Mit A werden somit Einsparungen in Höhe von zunächst 0,15 Mannjahren bewertet: Dies entspricht ca. 3 % aller Mannjahre in der Abteilung.

– B-Bewertung

B-Bewertung: die Durchführbarkeit ist noch nicht entschieden

Einige Einsparungsmaßnahmen können nicht hinreichend beurteilt werden. Zum einen ist der Entscheidungsprozeß über die exakte Ergebnishöhe bei der zuständigen Nutzerabteilung nicht abgeschlossen, zum anderen müssen weitere Prüfungsvorgänge erfolgen, z.B. einen geeigneten Messeorganisator finden, der in der Organisation erfahren ist.
Diese Einsparungsvorschläge befinden sich noch in der Wartestellung und werden zunächst mit B bewertet, bis der Entscheidungsweg in Abstimmung mit der Nutzer-Abteilung abgeschlossen wird.
In der Allgemeinen Verwaltung, vgl. Abb. 17 erhalten zunächst die B-Wertung die Maßnahmen 1a, 1b und 1c.
In einem nochmaligen Entscheidungsprozeß muß schließlich die Entscheidung gefällt werden, ob die B-Einsparungsvorschläge zu A- oder C-Maßnahmen werden.

C-Bewertung: die Idee wird verworfen

– C-Bewertung

Nach eingehender Überprüfung erweisen sich einige Einsparungsvorschläge als kreativ und sinnvoll, sind aber als Einsparungsmaßnahmen wenig oder nicht geeignet. Ebenfalls kann aufgrund der zwischenzeitlichen Änderung der Sachzusammenhänge oder neu auftretender Sachzwänge eine zunächst zur Einsparung vorgeschlagene Leistung unverzichtbar werden.

Diese Einsparungsvorschläge werden mit C bewertet. Im Beispiel der Allgemeinen Verwaltung handelt es sich um die Leistungs-Nr. 3b (Umstellung der manuellen Tätigkeit auf EDV) (vgl. Abb. 17). Die mit C bewerteten Einsparungsvorschläge werden keinem erneuten Entscheidungsprozeß unterzogen, sie sind abgelehnt und gelten als abgeschlossen.

b) *Zweiter Bewertungsvorgang*

Schon in dem ersten Bewertungsvorgang sind Entscheidungen für die mit A und C bewerteten Einsparungsvorschläge gefallen.

B-Bewertungen aus dem ersten Bewertungsvorgang werden zu A- bzw. C-Maßnahmen

Bei den noch offenen B-Vorschlägen z.B. kommen der Leiter der Analyseeinheit und die Geschäftsleitung einschließlich der Verkaufsabteilung letztlich überein, der Beauftragung eines inzwischen angesprochenen Messeorganisators (Leistungs-Nr. 1a) und der Reduzierung der manuellen Schreibarbeit (Leistungs-Nr. 1b) voll zu entsprechen. In diesem nochmaligen Entscheidungsprozeß können somit weitere 0,80 Mannjahre als A-Einsparungsmaßnahmen verabschiedet werden. Hingegen wird die Leistungsnummer 1c (Reduzierung von Auswertungen) teilweise zur A- mit 0,05 Mannjahren und zur C-Maßnahme mit 0,25 Mannjahren.

Ergebnis (vgl. Abb. 17):

A-Maßnahmen = 1,0 Mannjahre
B-Maßnahmen = keine
C-Maßnahmen = 0,80

Von den ursprünglich 1,80 Mannjahren, die zur Einsparung vorgeschlagen wurden, vgl. Abb. 15, kann 1,00 Mannjahr oder ca. 17,5 % aller in der Abteilung, Allgemeine Verwaltung, vorhandenen Mannjahre (5,7) als Einsparungsmaßnahme in der Realisierungsphase eingespart werden.

c) *Verabschiedungsverfahren*

Verabschiedung in zwei Stufen

Bevor die A-Maßnahmen realisiert werden, müssen sie zunächst vom zuständigen Mitglied des Entscheidungsgremiums und im Anschluß vom gesamten Entscheidungsgremium verabschiedet werden. Der Verabschiedungsvorgang ist ein vom Unternehmen gewünschtes (formalrechtliches) Verfahren zur besseren Durchsetzung von Einsparungsmaßnahmen, der im Anschluß an die Wertanalyse folgt.

Anmerkung:
Ein Hinzuziehen des Betriebsrats ist in dieser Phase weder erforderlich noch ratsam, da mit möglichen Widerständen aus der Selbstverständnis heraus gerechnet werden muß.

d) *Realisierungstermine*

Realisierungstermine dürfen 2 Jahre nicht überschreiten

Im Zusammenhang mit der Verabschiedung von Einsparungsmaßnahmen müssen auch Termine festgelegt werden, nach denen sich die Realisierung richtet.

Je unproblematischer eine Einsparungsmaßnahme ist, d.h. je weniger Widerstände sachlicher oder personeller Art bestehen, desto naheliegender können die Realisierungstermine bestimmt werden.

Die Termine sollen jedoch realistisch und unter Beachtung zahlreicher Beeinflußungsfaktoren erwogen werden und zwei Jahre nicht überschreiten.

Diese Faktoren können unternehmensbedingt unterschiedlich sein. Die Skala reicht z.B. von der Kapitalfreigabe zur Durchführung von vorgeschlagenen Investitionsmaßnahmen bis zur mühsamen Verhandlung mit dem Betriebsrat über die Stillegung eines Arbeitsbereichs oder Teilbetriebs.

Wiederum können einige Einsparungsmaßnahmen intern schnell und reibungslos gelöst werden, wie z.B. die Anforderung von automatischen, monatlichen Angebotszusendungen vom Handel für Büromaterial (vgl. Abb. 17).

Die Zeitbestimmung von Realisierungsterminen bedingt eine genaue Abstimmung mit den zuständigen Leistungsnutzern. Diese müssen sich rechtzeitig auf die Reduzierung bzw. Änderung von Leistungen, die sie empfangen, einstellen und dafür mögliche Vorkehrungen treffen.

Realisierungstermine müssen eingehalten werden

Die festgelegten Realisierungstermine sind einerseits Orientierungsdaten, nach denen sich die Realisierungsprojektmitglieder in der Realisierungsphase zu richten haben. Andererseits stellen sie für den Leiter der Analyseeinheit eine Verpflichtung dar, die verabschiedeten Einsparungen zu realisieren. Die Verantwortung des Leiters der Analyseeinheit ist dabei auf die Umsetzung von einzusparenden Arbeitsvorgängen begrenzt. Denn die personelle Verantwortung verbleibt im Befugnisbereich der Geschäftsleitung, die vor allem die Realisierung anordnet, überwacht und durchsetzt.

Projektstufe 3: Maßnahmenbewertung

Allgemeine Verwaltung		Mitarbeiter : 7 Mannjahre : 5,7				Seite 1
Leist. Nr.	Einsparungsvorschläge/ Maßnahmen	Bewertung	Leistungsnutzer	Realis.-termin	Ersparnis in Mannjahren	Ersparnis Sachkosten
1a	Beauftragung eines externen Messeorganisators	(B) → A	Gesch.-Leit. Verkauf	III/1984	(0,55) → 0,55	3.000,–
1b	Reduzierung der manuellen Schreibarbeit durch Einsatz eines Schreibautomaten	(B) → A	Verkauf	IV/1984	(0,25) → 0,25	
1c	Auf die umfangreiche Auswertung wird verzichtet	(B) → A → C	Verkauf	III/1984	(0,25) → 0,05	
3b	Umstellung der manuellen Tätigkeit auf EDV	C	EDV	–	(0,60) → 0	
4b	Erarbeitung einer Stellenbeschreibung, nach der sich alle Mitarbeiter halten müssen	(A) → A	intern	I/1985	(0,05) → 0,05	
4c	Die Leistung wird voll eingespart, da 4b eingespart wird	(A) → A	Gesch.-Leit.	II/1985	(0,05) → 0,05	
7a	Anforderung von automatischen, monatlichen Angebotszusendungen durch den Handel	(A) → A	alle Abteilungen	ab sofort	(0,05) → 0,05	
	verabschiedet: 1. Mitglied des Entscheidungsgremiums 2. Gesamtes Entwicklungsgremium		**Seitensumme**		(1,80) → 1,00	3.000,–
			aufgelaufene Summe		(1,80) → 1,00	3.000,–

Abb. 17: Bewertung von Einsparungsmaßnahmen

C. Realisierungsphase

Mit der Maßnahmenbewertung und der daran anschließenden Maßnahmenverabschiedung ist die Durchführungsphase und damit zugleich der wertanalytische Teil des Gesamtprojekts abgeschlossen.

Umsetzung der Einsparungsmaßnahmen

Die Erarbeitung von Einsparungsvorschlägen und die Maßnahmenbildung allein erfüllen allerdings noch nicht Ihre unternehmerische Zielsetzung in der Forderung nach einer Gemeinkostensenkung. Diese wird erst durch die sachliche Umsetzung der Maßnahmen ausgelöst.

1. Personal- und Sachkostenabbauplan

detaillierter Kostenabbau

Schon während der Analysearbeiten, d.h. in der Durchführungsphase, hat sich der Leiter der Analyseeinheit, Allgemeine Verwaltung, zwangsläufig mögliche Lösungswege für die spätere Realisierungsphase zurechtgelegt. Diese Lösungsalternativen waren eher gedanklicher Natur und bezogen sich im wesentlichen auf die personalpolitischen Überlegungen bzw. Folgerungen. Für das methodenkonforme und damit sachlich einwandfreie Vorgehen der Wertanalyse muß gleichwohl ein Plan zum Kostenabbau erstellt werden.

Realisierungstermine ordnen

Auf der Grundlage der Realisierungstermine, vgl. Abb. 17, werden zunächst die Realisierungsmaßnahmen in der zeitlichen Folge geordnet, danach werden die organisatorischen Sachentscheidungen für jede Einsparungsmaßnahme getroffen.

Beispiel

Mit der Organisation von Messen (Maßnahme Nr. 1a) wird ein externer Messeorganisator beauftragt. Die Auswahl von Agenturen nimmt in Verbindung mit dem Verkaufsleiter der Leiter der Analyseeinheit, Herr Bayer, vor. Der bis dahin mit der Leistung betraute Herr Bauer übernimmt stattdessen die Ausführung von Stellenbeschreibungen, wodurch seine freigewordene Kapazität anderweitig sinnvoll genutzt wird.

Die Realisierung von Sachkosten in Höhe von DM 3.000,– (Maßnahme Nr. 1a) wird mit der Verlegung der Leistung nach außen, d.h. an eine Agentur, zeitgleich bewirkt werden können, da verbrauchte Spesen durch die Einsparungsmaßnahmen künftig entfallen.

Die Personalentscheidung muß hingegen aufgeschoben werden. Die 0,55 Mannjahre könnten zwar z.B. durch eine Freisetzung von einer Halbtagskraft aufgelöst werden. Der Leiter der Analyseeinheit wählt jedoch hierzu die Alternative, einen Mitarbeiter (gleich 1 Mannjahr) zum Termin II/1985 freizustellen. Für diesen Vorgang werden die Teil-Mannjahre (0,05, 0,55 usw.) solange vorgetragen bis die gewünschte Mannjahr-Summe zur Personalfreisetzung erreicht ist.

Personalfreisetzung muß innerhalb von 2 Jahren erfolgen

Realisierungsphase

Allgemeine Verwaltung			Ist-Mannjahre : 5,7 Soll-Mannjahre : 4,7	Seite 1
Maßn. Nr.	Einsparungsmaßnahmen	Realis. Termine	Organisatorische Maßnahmen	
			Sachentscheid.	Personalentscheid.
7a	Anforderung von automatischen, monatlichen Angebotszusendungen durch den Handel	ab sofort	Fr. Reimann beauftragen den Handel schriftl. zu informieren. Fr. Reimann mit der Erfassung von Verkaufsdaten beauftragen	0,05 MJ Ersparnis 0,05 MJ Vortrag
1a	Beauftragung eines externen Messeorganisators	III/1984	H. Bayer nimmt mit 3 Agenturen Kontakt auf. Auswahl und Auftragserteilung in Verbindung mit Verkaufsleiter. Die Sachkosten werden autom. eingespart H. Bauer wird zur Leistung 4b herangezogen (Stellenbeschreibungen).	0,55 MJ Ersparnis 0,60 MJ aufgelaufener Vortrag
1c	Auf die umfangreiche Auswertung von Messekundenkontakten wird verzichtet	III/1984	H. Bayer bestätigt schriftl. die Maßnahme dem Verkaufsleiter. H. Bauer wird zur Stellenschr. herangezogen.	0,05 MJ Ersparnis 0,65 MJ aufgelaufener Vortrag
1b	Reduzierung der manuellen Schreibarbeit durch Einsatz eines Schreibautomaten	IV/1984	Fr. Fritz mit der Einholung von Angeboten beauftragen. Fr. Schilling mit dem Posteingang beauftragen.	0,25 MJ Ersparnis 0,90 MJ aufgelaufener Vortrag
4b	Erarbeitung einer Stellenbeschreibung	I/1985	H. Bayer erarbeitet gemeinsam mit H. Bauer und dem Personalressort Stellenbeschreibungen	0,05 MJ Ersparnis 0,95 MJ aufgelaufener Vortrag
4c	Auswertung der Arbeitsvorgänge entfällt, da 4b eingespart wird	II/1985	H. Bayer kontrolliert die Einhaltung der Richtlinien der Stellenbeschreibung	0,05 MJ Ersparnis 1,00 MJ Gesamtersparnis
H. Bauer wird zur Personalumsetzung oder Entlassung vorgeschlagen				

Abb. 18: Personal- und Sachkostenabbauplan

2. Der Realisierungsverantwortliche im Abstimmungsprozeß

Das Entscheidungsgremium beruft einen oder mehrere Realisierungsverantwortliche (1 Realisierungsverantwortlicher für 8 bis 10 Analyseeinheiten) zur Grundlagenschaffung der Realisierungsphase, zur Anleitung und zur Maßnahmenüberwachung.

ein Realisierungsverantwortlicher für 8 bis 10 Analyseeinheiten

Der Realisierungsverantwortliche ist in der Regel ein Projektmitarbeiter aus der Vorbereitungs- und Durchführungsphase. Interne Kenntnisse aus dem Personalressort sind dabei von Vorteil, da der Realisierungsverantwortliche (in ca. 2 Terminen) dem Leiter der Analyseeinheit auch Hilfestellung bei der Erarbeitung des Personal- und Sachkostenabbauplanes gibt. Der Abbauplan wird in 2 Wochen erarbeitet und mit dem Personalressort sachlich abgestimmt. Nach Begutachtung der Sach- und Personalentscheidungen durch das Personalressort und durch den Realisierungsverantwortlichen erhält das Entscheidungsgremium die Vorlage zur Verabschiedung.

der Abbauplan wird mit dem Personalressort abgestimmt

Mögliche Korrekturen im Plan bedürfen einer neuerlichen Bearbeitung und Abstimmung mit dem Personalressort, bis der endgültige Plan nach spätestens von insgesamt 4 Wochen vom Entscheidungsgremium verabschiedet wird.

3. Maßnahmenüberwachung und -einführung

Der Realisierungsverantwortliche ist einerseits anleitend und beratend in den Realisierungsprozeß eingebunden, andererseits muß er die Einzelschritte, bevor diese vom Entscheidungsgremium verabschiedet werden, überwachen. Die Überwachung beinhaltet insbesondere die sachliche Richtigkeit sowie die Einhaltung von Realisierungsterminen.

oberste Priorität der Termineinhaltung

Wie im analytischen Teil der Wertanalyse kommt auch der Realisierungsphase, vor allem der Termineinhaltung von verabschiedeten Maßnahmen, die oberste Priorität zu. Durch das konsequente Einhalten von Maßnahmen und Abverfolgen von Terminen wird schließlich der Erfolg der Wertanalyse auch in Ihrem Unternehmen eintreten.

VI. Zusammenfassung und Ausblick

A. Abschlußergebnisse der Gemeinkosten-Wertanalyse

Der Simulationsfall, aufgezeigt am Beispiel der Allgemeinen Verwaltung, ist stellvertretend für andere Abteilungen eines Unternehmens herangezogen worden. Zwar sind die sachlichen Problemzusammenhänge, wie das Aufgabengebiet und die Aufgabenzusammensetzung bekanntlich von Abteilung zu Abteilung unterschiedlich, das methodenkonforme Vorgehen der Wertanalyse sichert jedoch den erfolgsversprechenden Lösungsweg für alle Gemeinkostenbereiche. So müssen z.B. die Leistungen in den Abteilungen Rechnungswesen und Einkauf gleichermaßen, nach denselben Kriterien strukturiert, die Einsparungsvorschläge analysiert, die Maßnahmen bewertet und schließlich realisiert werden.

methodenkonformes Vorgehen nach der Wertanalyse sichert den Erfolg

Das unternehmerische Ziel des Wertanalyse-Einsatzes muß dabei von allen Beteiligten derart nachvollzogen werden, daß jede Analyseeinheit mit ihrer einsatzstarken Leistung zu einem bestmöglichen guten Gesamtergebnis der Gemeinkostensenkung in Ihrem Unternehmen beiträgt.

höchstmögliche Gemeinkostensenkung

B. Wertanalyse im Zeitablauf

die Gemeinkosten wuchern wieder

Nach Ablauf, d.h. nach der Realisierung der wertanalytischen Arbeiten, beginnt im unternehmerischen Prozeß alsbald ein neuer Anlauf zur Gemeinkostenausweitung. Diesem Vorgang können Sie zum Teil durch ein funktionierendes und straff geführtes Kosten-Controlling entgegentreten. Dennoch wird in der Regel nicht vermieden werden können, daß die Gemeinkosten trotz Ihrer Einwirkung unbeeinflußt steigen. Eine der wesentlichen Ursachen für diesen Kostenanstieg liegt z.B. in der ständigen Aufwärtsbewegung der Personalkosten und den durch den Gesetzgeber bedingten Personalnebenkosten. Der zunehmende Kostendruck wird aber auch durch öffentliche Abgaben und behördliche Auflagen erzeugt. Auch hier kann ein noch so transparentes Kostenrechnungssystem, wie die flexible Plankostenrechnung, die die geplanten Gemeinkosten an die Ist-Beschäftigung anpaßt, wenig bewirken.

Personalkosten und -nebenkosten steigen unaufhaltsam

flexible Plankostenrechnung

Wertanalyse alle 5 bis 7 Jahre einplanen

Aus der Praxiserfahrung ist es daher ratsam, alle 5 bis 7 Jahre eine Gemeinkosten-Wertanalyse einzuplanen. Ein wiederholtes bzw. erneutes Verfahren sichert den unübersehbaren Vorteil, daß Ihre Gemeinkostenbereiche von Grund auf analysiert werden, ohne auf bestehende Einflußfaktoren Rücksicht zu nehmen. Alle Rahmenbedingungen werden in Frage gestellt.

C. Externe Beratung und Unterstützung

Das Thema Gemeinkosten-Wertanalyse wurde in diesem Buch inhaltlich vollständig abgehandelt, so daß Sie sich einen notwendigen Überblick zum Vorgehen und zur Methode verschaffen können.

Seminare zur Wissensvertiefung

Zu einer gezielten Verständniserweiterung und vor allem zur praktischen Anwendung im Unternehmen bedarf es oftmals eines vertiefenden Erfahrungsaustausches.

Diese praxisbezogenen Erfahrungen werden vom Verlag Moderne Industrie in eintägigen Seminaren angeboten. In Zusammenarbeit und unter Seminarleitung des Buchautors werden Problemlösungen aus der Praxis erarbeitet und konkrete Praxisfälle trainiert und diskutiert.

Literaturverzeichnis

Baur, Walter: Sanierungen, 1978

Bothe, Bernd: Kosten-Controlling durch Gemeinkosten-Systems-Engineering (GSE), in: Betriebswirtschaftliche Forschung und Praxis, Gemeinkosten-Management, 1981

Demmer, K.H. und Joost, H.: Wertanalyse in Verwaltungen, 1981

Deyhle, Albrecht: Controller Handbuch, 1980

Gabler: Wirtschafts-Lexikon, 1967

Gutenberg, Erich: Die Produktion, 1968

Haberland, G. / Preißler P.R. / Meyer C.W.: Handbuch Revision, Controlling, Consulting, München 1978

Helfrich, Christian: Arbeitshandbuch Gemeinkostenabbau, München 1980

Jacob, Herbert: Allgemeine Betriebswirtschaftslehre in programmierter Form, 1969

Kilger, Wolfgang: Meinungsspiegel, in: Betriebswirtschaftliche Forschung und Praxis, Gemeinkosten-Management, 1981

Parkinson, C. Northcote: Parkinsonsche Gesetze und andere Untersuchungen über die Verwaltung, 1959

Sehlhoff, Günter: Die heimlichen Verlustquellen im Betrieb, 1982

Verlag Moderne Industrie: Handbuch Finanz- und Rechnungswesen, Landsberg 1982

Wehlau, Siegfried: Rationalisierung durch Wertanalyse, in: Betriebswirtschaft, 1981

Wellenreuther, Helmut: Integrierte Leistungsverbesserung durch Wertanalyse, Landsberg 1982

Wolff, Christine: Unser Personalbestand ist zu hoch, Landsberg 1983

Stichwortverzeichnis